Extrait de la REVUE ALSACIENNE (août et septembre 1881)

LE

30 SEPTEMBRE 1681

ÉTUDE

SUR LA RÉUNION DE STRASBOURG A LA FRANCE

PAR

ARMAND WEISS

PARIS

BERGER-LEVRAULT ET Cie

Éditeurs de la Revue alsacienne

5, RUE DES BEAUX-ARTS, 5

MÊME MAISON A NANCY

LE 30 SEPTEMBRE 1681

ÉTUDE

LA RÉUNION DE STRASBOURG A LA FRANCE

PAR

ARMAND WEISS

PARIS

GERVILLE [...]

directeur de la Revue alsacienne

Rue des Écoles, [...]

[...] WILSON [...]

Extrait de la **REVUE ALSACIENNE** d'août **1881**

LE

30 SEPTEMBRE 1681

ÉTUDE

SUR LA RÉUNION DE STRASBOURG A LA FRANCE

PAR

ARMAND WEISS

PARIS

BERGER-LEVRAULT ET Cie

Éditeurs de la Revue alsacienne

5, RUE DES BEAUX-ARTS, 5

MÊME MAISON A NANCY

LE 30 SEPTEMBRE 1681

ÉTUDE SUR LA RÉUNION DE STRASBOURG A LA FRANCE.

Le 30 septembre prochain sera le deuxième anniversaire séculaire de la réunion de Strasbourg à la France.

Le premier a été célébré avec éclat, avec enthousiasme en Alsace. Le Strasbourg du XVIIIe siècle, si différent de celui qui attriste nos yeux, se prêtait à merveille, avec ses contrastes marqués, sa vieille constitution où se mêlaient les restes et les souvenirs de cinq siècles, ses corps constitués riches et nombreux, sa glorieuse Université si savante et si française, ses princes, sa noblesse, sa bourgeoisie et ses corps de métiers prospères, tous profondément pénétrés de cette vérité que leur prospérité avait sa source dans leur union avec la France, se prêtait merveilleusement, disons-nous, à célébrer une fête de ce genre. Aussi, trois jours suffirent-ils à peine aux réjouissances dont la simple énumération remplirait plusieurs pages. Nous n'essaierons pas de les résumer. Ces souvenirs sont trop hors de propos aujourd'hui et cadrent trop peu avec notre fortune présente. Disons cependant que ce qui frappe le plus dans les récits qui nous en sont restés, et ce qui fait bien voir combien les temps sont changés, c'est qu'on n'y vit ni revue de troupes, ni défilé de fonctionnaires. Ce qui étonne le moins, c'est le concours empressé d'innombrables Allemands accourus pour célébrer, eux aussi, la date glorieuse et mêler leurs acclamations à celles des Alsaciens. Au *Te Deum* chanté en pompe dans la cathédrale, par un prince de Salm, devant le gouverneur militaire assis sous son dais et entouré de ses gardes, assiste « S. A. Mme la princesse de Saxe, dans une tribune du chœur décorée pour la recevoir ». Aux membres catholiques du Magistrat, aux grands comtes, au corps de la noblesse, aux chapitres et communautés, tous en grand habit de cérémonie, se mêlent nombre de princes, seigneurs et gentilshommes de marque étrangers, la plupart d'outre-Rhin. Ces mêmes hôtes illustres assistent le lende-

main à la représentation théâtrale française (non pas à l'allemande),
donnée par ordre du Magistrat, et quand on vient à la pièce de
circonstance, *la Tribu*, composée tout exprès par un des bons
faiseurs du temps, Rochon de Chabannes, ils applaudissent avec
transport toutes les allusions qui ont trait à l'événement qu'on célèbre, non moins « que les traits et les couplets relatifs au Roi et à
la Reine ».

Le xix⁰ siècle fêtera autrement ce jubilé. Il ne frappera pas, comme
le xviiⁱ⁰, des médailles avec cet exergue : ARGENTORATUM :
FELIX : Strasbourg est heureux. L'Alsace de nos jours, non-seulement ne frappe plus de médailles, mais elle ne peut plus célébrer ses anniversaires. Pourtant, s'il lui est interdit de témoigner
de ses sentiments, son histoire lui reste. Nul ne peut effacer les
faits. Aucune puissance au monde ne peut l'empêcher d'y reporter
sa pensée et de consacrer une fois de plus dans son souvenir une
date qui, quoi qu'on fasse, restera toujours une des plus heureuses
et des plus fécondes de son passé.

I.

Longtemps il a été de mode en Allemagne d'attribuer à la trahison du Magistrat ou d'une partie de ses membres, la reddition
de Strasbourg à la France. On ne pouvait pas admettre de l'autre
côté du Rhin, que des gens qui avaient eu le bonheur de faire
partie du saint-empire germanique, ce bonheur n'eût-il consisté
pour eux qu'à supporter des charges sans rien recevoir en échange,
eussent pu renoncer à cette insigne faveur de la fortune autrement
que par l'effet de quelque machination ténébreuse. Aussi l'irrita-
tion fut-elle grande, non pas, comme on pourrait le croire, contre
Louis XIV, mais, chose singulière, contre la ville, qui, abandonnée
à elle-même après avoir été gravement compromise, avait dû
courber la tête. On ne lui pardonnait pas d'avoir ratifié, par le
vote de tous ses citoyens moins un, une solution désormais inévitable. La muse teutonne lança, en manière de pavés, d'innombrables chansons pour foudroyer la cité perverse. Le fiel qui les
gonfle — on en peut juger, car on a pris le soin de rééditer dans
ces derniers temps tout ce qui a pu en être retrouvé — est rendu
inoffensif par l'ennui profond qu'elles distillent. On s'indignait
jusqu'au fond de la Silésie. Là, un noble seigneur, malheureusement resté inconnu, gravait, à défaut du marbre, mais en style

lapidaire et en latin, son courroux patriotique sur les 200 pages in-4° de son *Prodige de perfidie et de lâcheté*. Personne n'est jamais parvenu à lire ce livre, mais il n'en est peut-être recherché qu'avec plus d'ardeur, car, comme toutes les belles choses, il est fort rare. Ces fureurs haineuses — on sait qu'en Allemagne on a l'art de les faire durer longtemps — n'étaient pas encore calmées en 1843, époque où l'historien patriote von Raumer insérait dans son *Historisches Taschenbuch* un article sur « la trahison de Strasbourg en 1681 », dû à la plume d'un M. H. Scherer.

Il serait intéressant et peut-être utile pour les Alsaciens de comparer les manifestations si différentes qui ont suivi ces deux dates fatidiques de l'histoire de Strasbourg et de la leur, 28 septembre 1870, 30 septembre 1681, en France après la première, en Allemagne après la seconde. D'un côté une explosion de sympathies, de l'autre un concert d'outrages. Là où la France n'a vu qu'un devoir d'assistance et de consolation à remplir, l'amour-propre implacable des fils d'Arminius a poursuivi pendant deux siècles et demi la vengeance d'une blessure imaginaire. Aux cris de joie féroces par lesquels il saluait, en 1870, les obus de l'artillerie prussienne, il a mêlé (nous aussi nous avons le droit de ne pas l'oublier), le cri de : Vengeons le crime de 1681 !

Ce qui était vrai, c'est que depuis la paix de Nimègue, depuis les événements de 1678 surtout, il n'y avait pas un homme de bon sens, à Strasbourg ou ailleurs, qui ne comprît que les jours de la république étaient comptés. Abandonné de l'Allemagne qui l'avait poussé à commettre envers Louis XIV de ces manquements qu'aucune puissance ne peut laisser se renouveler sans exposer sa dignité et même sa sécurité, sans alliés, hors d'état de se défendre par lui-même, Strasbourg était fatalement destiné à perdre son indépendance. Les Allemands bien avisés ne s'y trompaient pas plus que les autres. L'un d'eux, le baron de Manteuffel, alors établi à Strasbourg, fut le premier, au moment même où le résident de l'empereur essayait encore d'exciter le peuple à la résistance, à présenter ses hommages au résident français et à se recommander à la bienveillance du roi de France [1]. Si la vieille cité ne se mit pas, dès 1680 ou plus tôt, sous la protection de Louis XIV, comme elle en aurait eu le droit, comme l'avaient fait tous ses voisins, à l'exception du seul comte de la Petite-Pierre, et cela sans que l'Allemagne y trouvât rien à redire ; si elle préféra résister jusqu'au

1. Dépêche de Frischmann du 29 septembre 1681. *Coste,* page 105.

bout, au détriment de ses intérêts gravement atteints et avec la certitude qu'il faudrait céder un jour, ce n'était certes pas là de la trahison. La politique pouvait lui donner tort, l'honneur, pour lequel elle luttait, devait l'applaudir.

Au surplus, tout le monde est aujourd'hui d'accord là-dessus. On a tant fouillé les archives sans rien trouver à la charge des Strasbourgeois, qu'il a bien fallu finir par reconnaître que leur conduite avait été irréprochable. Et puis, il n'y a plus aucun intérêt aujourd'hui à ce qu'il en ait été autrement. Dès 1871, l'officielle *Strassburger Zeitung* déclarait qu'on ne pouvait plus désormais parler sans rire de la grande trahison de 1681 et que Strasbourg s'était détaché « comme une poire mûre » (*wie eine reife Birne*) de l'arbre de l'empire. MM. Lorenz et Scherrer eux-mêmes, dans le petit pamphlet qu'ils ont intitulé *Histoire d'Alsace* et dans lequel ils prophétisent qu'un jour Strasbourg reconnaissant élèvera une statue au général de Werder — on voit qu'ils ne sont pas suspects — ont déclaré la même chose. Qu'on ne nous parle donc plus de ces ridicules légendes qui traînent partout, de « l'homme en veste et en culotte jaune » venant frapper trois coups de son bâton sur le parapet du pont de Bâle aux yeux ébahis de M. de Chamilly. La cause est entendue. Strasbourg n'a pas trahi et ne trahira jamais. Qu'il n'en soit plus question !

II.

De bons juges en matière historique sont convaincus que la France, en 1648, a subi, beaucoup plus qu'elle ne l'a recherchée, l'annexion de l'Alsace. Ses visées d'agrandissement, selon eux, étaient ailleurs. Des considérations militaires avaient conduit Richelieu à l'occuper, de même qu'il occupait la Valteline que certes il n'aurait pas voulu garder à la paix. Mazarin conserva l'Alsace, d'abord parce qu'on n'abandonne pas en pleine guerre une province conquise quand on est vainqueur, ensuite pour s'en faire un gage qu'il pût faire valoir, et peut-être échanger, aux négociations de Munster. Voilà la thèse ; nous nous contentons de la mentionner sans prendre parti. Elle a le tort, si c'en est un, de contredire les déclamations des historiens allemands contre la politique de Louis XIV, mais elle a le mérite très-réel de ne pas être en désaccord avec les documents diplomatiques connus, particulièrement ceux qui ont été publiés dans ces derniers temps. Elle seule, il faut bien le dire, donne un sens acceptable à certains faits qui, si on la rejette, demeureraient entièrement inexplicables. En veut-on un exemple? Lorsque M. de Bismarck eut résolu d'incorporer le Schleswig et le Holstein au domaine des Hohenzollern, on ne le vit pas encourager et soutenir le duc d'Augustenburg qui prétendait, de son côté, à la souveraineté des duchés, encore moins lui fournir une armée, de l'argent et ses meilleurs généraux pour les acquérir. C'eût été, qu'on nous pardonne l'expression, acheter une verge pour se faire fouetter. Eh bien, ce que M. de Bismarck se serait bien gardé de faire est précisément ce que fit Richelieu, un ministre qui, pourtant, lui aussi, avait quelque teinture de diplomatie. Il fit plus encore. Comme il n'y avait pas de prétendant en Alsace, ce fut lui qui en créa un, et il alla le chercher, non pas en France, qu'on veuille bien le remarquer, mais en Allemagne, en la personne de Bernard de Saxe-Weimar. A quel homme de bon sens persuadera-t-on que c'est ainsi qu'on prépare une annexion? Tout le monde sait aujourd'hui que Bernard de Saxe mourut du choléra. On avait bien essayé de prétendre le contraire et que le poison, un poison français, bien entendu, avait joué un rôle dans l'événement. Mais nous avons aujourd'hui les procès-verbaux des médecins et il a bien fallu reconnaître, depuis 1871 naturellement, qu'il n'en était rien. Bernard mort sans héritier direct, son armée et son duché sont à vendre, tellement à vendre que l'Europe les met aux enchères et que le roi d'Angleterre, Charles Ier, est un instant sur le point de les acheter pour un de ses fils. Richelieu pouvait-il souffrir que des intrus, des ennemis peut-être, vinssent récolter la moisson qu'il avait semée? Il fit ce que fait un créancier hypothécaire quand son débiteur devient insolvable, il acheta l'immeuble pour ne pas perdre ses avances. Y a-t-il rien là qui indique l'idée arrêtée d'un établissement définitif? Après lui, Mazarin, qui continuait au dehors la politique de son grand prédécesseur, ne pouvait pas, cela va de soi, retirer ses troupes de la province, abandonner Brisach, cette citadelle dont la possession avait coûté tant d'efforts et tant de sang. Il ne devait pas surtout, en se retirant, livrer aux vengeances et aux fureurs fanatiques de l'empereur, le pays et les villes qui s'étaient mises sous sa protection, Colmar, par exemple, qui avait massacré sa garnison impériale et ouvert ses portes aux Français. C'était là un devoir d'humanité et d'honneur non moins que de politique. C'est dans ces conditions qu'on arriva aux traités de Westphalie, et la France, qui obtenait tant pour les autres, qui libérait définitivement la Suisse du saint-empire germanique, qui établissait la paix religieuse en Allemagne, devait se contenter pour elle-même — ces grands envahisseurs ont toujours fait les affaires des autres plutôt que les leurs — de ce qu'elle possédait déjà depuis dix ans. On ne lui accordait en Alsace que juste ce qu'elle avait conquis, et encore, ce territoire soumis par ses armes, il lui fallut le payer à beaux deniers comptants Résultat bien modeste et traité bien différent de ceux de nos jours, où c'était le vainqueur qui payait au vaincu les milliards du temps !

Il faut le reconnaître, dans l'état où elle se trouvait après la guerre de Trente ans, l'Alsace était une acquisition peu désirable. Le pays était ruiné, dépeuplé, des régions entières étaient désertes. La situation politique était confuse, étrangement compliquée, et l'Allemagne s'était plu à la rendre plus inextricable encore par les stipulations contradictoires introduites, presque au dernier moment, dans le traité de cession. Il ne faut donc pas s'étonner que le gouvernement de Louis XIV ait montré peu de goût, au début, pour sa nouvelle possession. Elle n'avait évidemment de valeur à ses yeux que comme poste militaire. Placer quelques garnisons à certains points stratégiques importants, comme Brisach et Belfort, et construire à travers le pays une route où pussent circuler ses armées, ce fut là son principal souci. Pour le reste, à part certaines mesures de pure humanité et qui n'avaient rien de politique, pendant les vingt-cinq premières années, il ne s'en mêla guère ; il ne perçut pas même d'impôts ; il laissa faire.

On vit alors un étrange spectacle. Dans ce pays dont le « suprême domaine » était formellement attribué par les traités au roi de France, on continuait à envoyer des députés à la Diète de l'empire allemand. L'empereur percevait des impôts, levait des troupes, accordait des priviléges, rendait des sentences et les faisait exécuter. Colmar et le duc de Wurtemberg se déclaraient la guerre, guerre peu cruelle, il est vrai, et où périrent plus de tonnelets de vin que de combattants (*Loyelekrieg*). Les seigneurs bataillaient entre eux au fond du Bas-Rhin. Le gouvernement français trouvait tout cela fort bon. C'était l'usage du pays, il ne voulait déranger personne, et puis cela lui était égal. Mieux encore : un différend étant survenu entre lui et les dix villes autrefois impériales et qui prétendaient toujours l'être, il alla jusqu'à consentir à soumettre la contestation à des arbitres et à plaider son affaire à la Diète de Ratisbonne contre des gens incontestablement soumis à son protectorat! On croit rêver quand on rencontre dans l'histoire des faits pareils ; l'étonnement redouble quand on songe que c'était le gouvernement de Louis XIV, un gouvernement qui ne péchait pas par excès de faiblesse cependant, qui se laissait traiter ainsi. Qu'on ne dise pas qu'il avait le droit contre lui. D'abord il n'y a pas de questions de droit entre un gouvernement et ses sujets quand le gouvernement ne le veut pas. En Alsace, nous en savons quelque chose. Puis toutes ces fameuses questions de droit qui remplissent les interminables factums du xviie siècle et les traités des juristes allemands *en us* du xviiie, ne sont que de vaines logomachies, des finesses de procureur retors et de mauvaise foi. Que l'on prenne, par exemple, pour rester en famille, les deux dissertations bien connues du jurisconsulte strasbourgeois Schraag. On verra que les documents qu'il cite, dont il fait la base de son argumentation et dont nous possédons aujourd'hui les textes exacts, sont tronqués, mutilés, détournés de leur sens. Ce n'est pas avec de pareilles toiles d'araignée que l'on pouvait espérer d'arrêter un Louvois, s'il n'avait pas voulu l'être, et quand le moment fut venu, quand éclata la guerre entre la France et l'Allemagne et que la possession de l'Alsace devint une question de vie ou de mort pour la monarchie, il le fit bien voir.

Non, évidemment pendant ces vingt-cinq premières années, la France ne gardait l'Alsace qu'en attendant. Elle ne s'était pas encore faite à l'idée de la conserver d'une manière définitive. Ce n'est pas avec cette indifférence, avec ce laisser-aller que l'on traite une province longtemps épiée, convoitée, enfin possédée. On s'empresse de trancher sans pitié, dût la blessure saigner jusqu'à épuisement, les dernières fibres qui retenaient encore le membre arraché au corps qui l'a perdu. Nous n'avons pas besoin d'insister ; c'est une vérité qui, pour les Alsaciens, n'a plus aujourd'hui besoin de démonstration.

III.

Les développements dans lesquels nous venons d'entrer ne sont pas aussi indifférents à notre sujet qu'on pourrait le croire. Si, en effet, ce que nous venons de dire est vrai, on comprendra facilement combien il est absurde d'accuser Louis XIV d'avoir nourri des projets contre Strasbourg pendant les années dont nous venons d'esquisser le tableau. Quand il se désintéressait de Haguenau, de

Colmar, de Sélestat, des autres villes de la décapole sur lesquelles les traités lui accordaient des droits positifs, comment aller s'imaginer qu'il eût entretenu des vues sur Strasbourg, que ces mêmes traités excluaient ?

Strasbourg, il faut bien le remarquer, n'était pas une simple *ville impériale*, c'était une *ville libre*, c'est-à-dire une république souveraine, un État, petit sans doute, mais en droit public presque aussi indépendant que le royaume de France ou les provinces-unies des Pays-Bas. Nous disons *presque*, parce que, pour être tout à fait exact, il faut reconnaître qu'il lui restait encore deux obligations envers le saint-empire romain germanique et l'empereur : la participation à la *Romfahrt* et à la *Heiden-* ou *Preussenfahrt*. En d'autres termes, Strasbourg était encore tenu : 1° de fournir un cortége à l'empereur quand il allait se faire couronner à Rome — mais les empereurs, et pour cause, n'allaient plus se faire couronner à Rome — et 2° de concourir aux expéditions contre les païens. Ces païens, c'étaient originairement les Slaves du Nord, particulièrement les Prussiens. « *Preussenfahrt* », dit Scherz dans son glossaire, « *expeditio adversus gentiles in Borussia* ». — Mais les Prussiens étaient soumis, ils étaient même en train de devenir le nerf et le sel de l'Allemagne. Il ne serait donc resté qu'un lien purement nominal, archéologique en quelque sorte, entre la ville et l'empire, si l'on n'avait pas eu l'idée de remplacer les païens, désormais sans objet, par les Turcs, fort gênants alors pour l'empereur dans ses possessions danubiennes. Concourir à la guerre contre les Turcs, cette unique obligation qui incombât encore à Strasbourg, c'était en réalité un devoir européen, un devoir de la chrétienté contre la barbarie. La Pologne avec Sobieski, la France, sous Louis XIV même, par l'expédition de Coligny, y prenaient glorieusement part. Ce n'était pas là un lien politique.

Cette différence de position qui mettait Strasbourg hors de pair parmi les villes d'Alsace et grâce à laquelle elle avait toujours refusé et refusait encore en 1660, à l'avénement de Léopold, de prêter serment à l'empereur, était reconnue et proclamée par la France depuis longtemps. Louis XIII et Mazarin n'écrivaient pas autrement que : « A Messieurs les Préteur, Consul et Sénat de la *République* de Strasbourg », tandis que leurs lettres aux autres villes d'Alsace, Colmar par exemple, étaient : « A Messieurs les Magistrats de la *ville* de Colmar ». Tout au contraire, la politique des empereurs tendait sans cesse à rabaisser les villes libres au rang de villes impériales, et leur chancellerie introduisait dans la pratique la qualification de « *ville libre et impériale* », dans le but de confondre deux situations essentiellement différentes de leur nature. Le traité de Munster aussi, par son fameux article 87, rédigé avec un art perfide, avait, comme par hasard, placé Strasbourg et les villes de la décapole sur le même rang, ce qui avait le double avantage de paraître donner raison aux prétentions de l'empereur et de préparer des difficultés à la France. Au fond, c'est une notion élémentaire du droit germanique (qui n'est ici, comme ailleurs, que du droit féodal) que la distinction entre les villes libres et les villes impériales. La question est trop spéciale pour pouvoir être traitée ici, mais nous devions insister sur une différence essentielle à notre sujet et qui n'est peut-être pas assez généralement connue. N'était pas ville libre qui voulait ! L'empire allemand, où les villes impériales foisonnaient, n'en compta jamais que sept reconnues, et avec le temps ce nombre si restreint se restreignit encore. Sur les sept, six étaient situées sur la rive gauche, la rive gauloise du Rhin, de tout temps plus avancée, plus civilisée que l'autre, et de ces six, l'Alsace en comptait deux : Strasbourg et Bâle.

Quand on réfléchit aux destinées si différentes de ces deux cités jumelles, longtemps unies par des liens dont le souvenir, jamais entièrement effacé, s'est réveillé de nos jours, à une heure tragique, d'une façon si touchante ; quand on étudie les causes qui ont conduit l'une au port d'une liberté tranquille et féconde, et l'autre à perdre non-seulement son indépendance et sa liberté, mais jusqu'à sa vie municipale, on ne peut s'empêcher d'être saisi d'une émotion vive et profonde. Ces causes sont multiples. Il en est une qui les résume toutes et nous devons la dire : Bâle a su se détacher à temps de l'empire germanique, Strasbourg ne l'a pas voulu. L'empire allemand a toujours porté malheur à Strasbourg. Il y eut une heure, à la fin du xv\ :superscript:`e` siècle (cela paraît bien ancien, mais tout se tient en histoire), où l'avenir s'ouvrait grand et glorieux pour la vieille ville libre. Il fallait briser ce lien qui n'était plus que nominal, tendre la main aux Suisses et, se mettant résolûment à la tête de l'Alsace, constituer, en Alsace d'abord, puis sur les deux rives du Rhin supérieur, une république confédérée qui, s'unissant à celle qui gardait les Alpes, eût opposé sa neutralité comme une barrière aux chocs inévitables de la France et de l'Allemagne. Nous n'imaginons pas là une hypothèse gratuite. L'œuvre était commencée, déjà en partie accomplie, il n'y avait plus qu'à poursuivre. La *Ligue Alsacienne*, confédération de villes et de princes, ayant à sa tête Strasbourg et Bâle, existait. L'alliance avec la Suisse était conclue, alliance si intime que les noms dont les deux ligues se qualifiaient entre elles semblaient en faire comme les parties d'un même pays. La confédération suisse était l'*Obererbund*, la ligue haute, la ligue des montagnes ; la confédération alsacienne, le *Niedererbund*, la ligue de la plaine. Unies ensemble, elles venaient de remporter l'un des plus glorieux et des plus éclatants succès dont l'histoire fasse mention. Elles avaient renversé et dé-truit la plus grande puissance politique et militaire du siècle, celle de Charles le Téméraire qui, par sa diplomatie partout agissante, et par son armée la plus nombreuse, la mieux armée, la mieux exercée qu'on eût vue depuis Charlemagne, ne peut être comparée qu'à ce qu'a été la Prusse de nos jours. La Suisse, si pacifique aujourd'hui, était conquérante alors. Elle avait du sang à verser, qu'elle a répandu inutilement dans les querelles des autres et qu'elle eût prodigué avec joie pour sa propre cause. La ligue alsa-cienne, par les possessions de Strasbourg et de l'Évêché, dominait sur la rive droite du Rhin opposée à la Basse-Alsace. Plus au sud, les Suisses, qui avaient occupé pendant plusieurs années les terri-toires du margrave de Hochberg, aujourd'hui partie notable du duché de Bade, possédaient ou allaient posséder les villages bâlois du diocèse de Constance, Schaffhouse, Constance et, en pleine Souabe, le poste avancé de Rotweil. Leur influence était consi-dérable dans la Forêt-Noire, dont un poëte alsacien du temps, l'au-teur resté inconnu de la Chronique de Pierre de Hagenbach, a dit dans un langage aussi rude que l'objet qu'il dépeint :

> *Und der rauhe Schwartzwald*
> *Brachte Bauren vngestalt,*
> *Die nit zu verachten sindt,*
> *Denn (weil) sie halbe Schweitzer sindt.*

Croit-on que la cavalerie alsacienne unie à l'invincible infan-terie des *Eidgenossen*, terreur du monde entier et surtout des Alle-mands, n'eût pas suffi à la tâche, quand nous voyons, quelques années après, la Suisse seule, sans alliés, triompher non-seulement de la maison d'Autriche, mais de toute l'Allemagne du Sud ameutée contre elle, et hélas ! aussi de Strasbourg ?

Les années qui venaient de s'écouler montraient clairement aux villes d'Alsace qu'elles n'avaient rien à attendre de l'empire. Dans cette grande crise, d'où elles sortaient victorieuses, l'empire n'avait rien fait pour elles, bien plus, c'est une question qui reste ouverte, de savoir si secrètement il n'avait pas pactisé avec leur ennemi et comploté leur ruine. De ces faits, la conséquence était facile à tirer : rompre avec l'empire et chercher un appui ailleurs ; Bâle le comprit, Strasbourg ferma les yeux à l'évidence.

On laissa se dissoudre la ligue alsacienne, on rompit, ou on évita de renouveler l'alliance avec la Suisse. Maximilien, cet empereur si aimable, si courtois aux gens des villes, était venu s'établir tout exprès en Alsace. Il trouvait, lui qui était toujours à court d'argent, de précieuses ressources dans les coffres bien garnis de son cher Strasbourg. Qui aurait osé refuser quelque chose à ce héros, à ce César? Dans un moment de déplorable aberration, la république, qui ne lui devait rien, sans motifs, sans excuse, se laissa tristement entraîner à déclarer la guerre à ses anciens alliés et alla misérablement se faire battre par eux, avec son empereur, à la bataille du Bruderholz et de Dornach. Le chef qui commandait ses troupes et qui perdit la vie dans cette lutte inepte et fratricide, était ce même Guillaume Herter qui, vingt-deux ans auparavant, les avait guidées à Morat !

Ce jour-là, on peut le dire, Strasbourg manqua à son glorieux passé, à lui-même et à l'Alsace. La faute fut énorme ; elle resta irréparable. Vingt fois, dans la suite, dans le courant et à la fin du xvie siècle, au xviie pendant la guerre de Trente ans, on essaya de renouer les liens brisés. Il était trop tard. La Suisse elle-même, livrée aux dissensions religieuses, était profondément divisée. L'occasion perdue ne se retrouva jamais.

IV.

Nous avons dû remonter aux origines de la situation qui mettait Strasbourg en présence de Louis XIV. Au point où nous sommes parvenus, c'est-à-dire aux années qui suivirent immédiatement la réunion de l'Alsace à la France, tout commandait à Strasbourg le recueillement, la modestie et la prudence. Le temps des « longs espoirs et des vastes pensées » était passé ; vivre, durer encore, on ne pouvait plus espérer que cela. Ce résultat modeste, nous le croyons fermement, pouvait être atteint. Louis XIV, nous l'avons déjà dit, n'avait aucune visée sur Strasbourg. Attenter à son indépendance que garantissaient les traités solennels qui formaient la base du droit public de l'Europe, c'eût été, pour un maigre profit, exciter contre soi l'opinion unanime du monde civilisé, se rendre suspect aux amis autant qu'on l'était déjà aux ennemis. Et pourquoi la France, qui respectait à l'autre extrémité de la province la petite république de Mulhouse, n'eût-elle pas respecté aussi la république de la Basse-Alsace, un peu plus grande sans doute, mais pas beaucoup plus formidable par elle-même, tant que son existence ne devenait pas un danger?

Néanmoins, la situation était difficile. Elle l'était plus peut-être au dedans qu'au dehors. La décadence profonde où était tombée l'Allemagne au XVIIe siècle, véritable cause de cet abaissement qu'il plaît à l'amour-propre de ses professeurs d'attribuer à la politique de la France, avait atteint aussi Strasbourg. Décadence matérielle, décadence morale. De ses anciennes possessions sur la rive droite du Rhin, il ne lui restait plus que Kehl. Les remparts étaient intacts, mais la population, décimée par les épidémies et par la misère — en une seule année, 1634, on compta officiellement 5,546 décès sur une population d'environ 20,000 habitants — ne suffisait plus à les défendre. Les finances étaient dans un état désastreux; tous les revenus avaient diminué et les charges allaient croissant. La république, autrefois célèbre par sa richesse, était plus que pauvre, elle était insolvable. Elle ne parvenait plus à payer les intérêts de la dette énorme contractée pendant la guerre. Il fallut avoir recours aux dernières ressources des débiteurs aux abois. On vendit successivement le bailliage de Herrenstein, les villages de Coswiller et de Romanswiller, le château d'Erlenbourg, la Ganzau et jusqu'au Neuhof, alors simple ferme aux portes de la ville. On vendit les bancs des bouchers dans la *Metzig*. La détresse de la république était si connue, qu'en 1679, un Allemand qui espérait faire une bonne affaire, le major Wilhelm von Berlepsch, prit la peine d'écrire au Magistrat du fond de la Thuringe pour lui offrir d'acheter le bailliage de Wasselonne, le plus beau de ses territoires.

Tous ces déplorables expédients ne parvenaient pas à combler le gouffre et il fallait encore inventer sans cesse de nouveaux impôts pour tirer, d'une population à demi ruinée, de quoi pourvoir à l'entretien et à l'agrandissement des fortifications, à la solde de la garnison, en majeure partie recrutée au dehors, surtout en Suisse, aux dépenses des fêtes somptueuses que l'on se croyait obligé de donner aux princes, ambassadeurs, personnages de tout genre qui traversaient la ville, aux ambassades ruineuses des délégués de la république. Une seule de ces ambassades, celle du Dr Stoesser, à Munich et à Vienne (il est vrai que la chancellerie et les conseillers de S. M. Impériale coûtaient cher), ne revint pas à moins de 23,000 florins, quelque chose comme 100,000 francs de notre monnaie au pouvoir actuel de l'argent.

Avec cela, de déplorables scandales dans l'administration. L'argent, si péniblement ramassé, s'écoulait de toutes parts des caisses de l'État. On dut arrêter un jour d'un seul coup les trois percepteurs de l'*Umgelt* et l'un de leurs prédécesseurs, qui paya de la vie des détournements longtemps continués. L'année suivante, ce fut le tour du payeur des fortifications. Il avait soustrait pendant de longues années des sommes considérables sans que personne s'en fût aperçu. D'ordinaire, la justice était plus clémente aux riches et aux gens en place, elle ne frappait sans pitié que les gens de peu. Quand il fallait absolument condamner les premiers, on leur infligeait bien une amende, mais on oubliait volontiers de la leur faire payer.

Qui pourrait s'étonner qu'un pareil état de choses eût amené la désaffection et un sourd mécontentement dans les rangs inférieurs de la population ? On avait perdu la confiance dans le gouvernement et déjà les bruits de trahison, avant-coureurs des catastrophes finales, commençaient à courir. A tort; le gouvernement ne trahissait pas, mais il était profondément incapable. En théorie, la forme de l'État était la démocratie pure : un jeune homme de bonne famille pouvait, à l'Université, soutenir une thèse : *De cive democratico*, et vanter les douceurs du régime libéral de sa patrie, mais en fait le peuple était soigneusement tenu à l'écart des conseils secrets où se décidaient les affaires. Le gouvernement était entre les mains de quelques familles qui l'exploitaient à leur profit. Sur la liste des ammeistres, on ne comptait pas moins de quatre beaux-frères qui se relayaient tour à tour au pouvoir. Nul sens politique, nulle vue élevée, nulle suite dans ce milieu. Ces patriciens, ces gros bourgeois, ces banquiers qui peuplaient en majorité les conseils, n'étaient plus bons qu'à intriguer dans leurs tribus, dans leurs chambres des XIII, des XV, des XXI, à racoler des voix pour se pousser, eux et leurs familles, aux places et aux dignités. Pour l'examen des affaires difficiles, on ne trouvait plus personne; il fallait avoir recours à des juristes, à des hommes d'affaires salariés, presque tous étrangers. On leur demandait un rapport, cela épargnait la peine de se casser la tête à chercher les raisons de décider.

Survenait-il une négociation épineuse à traiter au dehors ? C'était encore à l'un d'eux qu'on s'adressait. Dans tout ce monde du gouvernement, où chacun jalousait sourdement son voisin, il n'y avait pas un homme qui fût capable de concevoir une politique arrêtée et ferme et de l'imposer. Dietrich, le seul dont le nom ait survécu parce qu'à la fin de sa vie il montra vraiment de la dignité, du courage et une patience admirable, Dietrich, avec toute son intelligence, était un esprit passionné, volontiers entêté, subtil plutôt que fin, retors plutôt qu'habile, n'ayant rien de la prudence froide et de la possession de soi-même qui font l'homme d'État. Il resta toujours sur lui comme une ombre des accusations d'Obrecht. Peut-être a-t-il entrevu quelquefois la vraie solution ; il n'aurait pas eu l'autorité nécessaire pour la faire prévaloir.

La vraie solution, c'est-à-dire la politique que les événements dictaient impérieusement à Strasbourg, était au fond bien simple. Le difficile n'était pas de la concevoir, mais de la pratiquer. La meilleure sauvegarde de la république était dans l'intérêt évident qu'avait l'empire à ne pas la voir tomber aux mains de la France, et la France à ne pas lui voir abdiquer son indépendance au profit de l'empereur. Il fallait donc se tenir soigneusement à égale distance de Louis XIV et de Léopold, de l'Allemagne et de la France. Il faut rendre cette justice à la république qu'elle le comprit au début et que, dans les premiers temps, elle sut tenir la balance égale entre ses deux voisins. Elle eut des fêtes pour la naissance d'un dauphin de France (1661) comme pour celle d'un fils de l'empereur (1667). On s'imaginera peut-être qu'une pareille conduite coûtait au patriotisme germanique des habitants. On voudrait bien nous faire croire que le plus pur chauvinisme teuton embrasait leurs cœurs. Mais ce sentiment, pour lequel les Alsaciens montrent si peu de goût aujourd'hui, leur était également étranger au xviie siècle. Il l'était d'ailleurs à l'Allemagne elle-même qui ne connaissait, comme l'Alsace, que le patriotisme local, le patriotisme de clocher qui s'arrête aux portes de la ville natale. Placé entre la France, qui n'avait jamais eu pour lui que de bons procédés, qui lui avait autrefois prêté des sommes importantes sous la condition tacite que jamais il ne les rembourserait, mais dont il se méfiait à tort, et l'empire qu'il redoutait avec raison, Strasbourg ne voulait être ni allemand ni français, il voulait rester strasbourgeois. Nous n'en sommes pas réduits à cet égard à des suppositions. L'ammeistre Reisseissen, dans l'un de ses journaux édités avec tant de soins et une connaissance si parfaite des hommes et des choses par M. R. Reuss, nous a conservé un distique qui courait la ville en 1661, et qui donne la note exacte de l'opinion. Le voici :

CÆSAREANI.   GALLI.

Hi simulant odium, simulant illi urbis amorem,
Nec prodest odium, nec simulatus amor.

Ce qui pourrait se traduire ainsi : « Les Impériaux essaient de nous prendre par la crainte en simulant la haine, les Français par un amour simulé, mais les mauvais procédés n'ont pas plus de succès chez nous que les bons. »

Strasbourg avait donc le cœur libre et rien ne devait l'empêcher de choisir sa voie. En temps de paix, nulle difficulté, mais si la guerre venait à éclater entre ses voisins, que faire, quelle conduite tenir ? Là était le problème ; il eût dû préoccuper nuit et jour ses gouvernants. On se disait : Nous serons neutres comme pendant la guerre de Trente ans, et on n'y pensait plus. Mais cette neutralité qui, en effet, s'imposait comme la seule chance de salut, il fallait la rendre possible, la préparer d'avance, et comment la maintenir si l'on persistait à envoyer, comme on le faisait, des délégués à la Diète ? A paraître à la Diète, il n'y avait rien à gagner et tout à perdre. On n'augmentait pas les chances, très-faibles d'ailleurs, que l'on avait d'être secouru en cas de danger, car ces chances reposaient uniquement sur la jalousie de l'Allemagne toujours prête à disputer à la France toute acquisition nouvelle, et, que Strasbourg fût neutre ou non, cette jalousie, qui allait éclater à propos des conquêtes de Louis XIV en Hollande, pays étranger à l'empire, restait la même. De plus, la Diète était impuissante. Son temps se consumait en discussions sur le cérémonial, en referendums, en paperasseries inutiles. Perdu dans le collége des villes, le moins important des trois, Strasbourg n'avait aucun moyen de faire prévaloir un avis. Par contre, par cela seul qu'on avait pris part à une délibération, on était lié, eût-on exprimé un avis contraire à celui qui avait prévalu ; on perdait la liberté de ses mouvements. Les intérêts de Strasbourg, comme ceux de l'Alsace, ont toujours été différents de ceux de l'Allemagne ; on peut dire qu'à cette époque, ce qui s'est encore vu depuis, ils en étaient diamétralement opposés. Un Sturm de Sturmeck l'aurait compris, mais le temps n'était plus où la république, sous l'impulsion de ce grand patriote, après avoir obstinément refusé de prendre part

à la guerre de l'empire contre la France, interposait en quelque sorte sa médiation et concluait la paix entre Charles-Quint et François Ier.

V.

Nous voici arrivés à l'année 1672. La guerre avait éclaté entre la France et la Hollande. Louis XIV aurait eu le droit de compter sur une attitude amicale, ou du moins indifférente, de la part de l'Allemagne. Un traité d'alliance secret liait l'empereur ; on avait acheté à prix d'or la neutralité des innombrables princes et potentats du saint-empire. On n'y gagna rien. Une fois l'argent touché, l'Allemagne commença à s'agiter. La Diète ordonna un armement général pour la sûreté de l'empire et Léopold réunit sur le Rhin une armée d'observation. La France alors fut bien forcée de se ressouvenir de sa frontière de l'Est. Condé, le grand Condé, fut envoyé à Metz.

Pendant qu'il observait, examinait, tâchait de se rendre compte de ce qu'il voyait en Alsace, l'électeur de Brandebourg joignait ses troupes à celles de l'Autriche et de l'empire, puis le Brunswick, puis la Hesse. On ne déclarait pas la guerre à la France, oh! non, on voulait seulement porter secours à son ennemie, la Hollande. La diplomatie allemande avait alors de ces heureuses distinctions qui lui permettaient de concilier la force avec le droit. Il fallut opposer une armée à ces amis si ingénieux, et Turenne se plaça en face d'eux sur le Rhin, manœuvrant avec son habileté consommée, pour les empêcher de passer le fleuve.

En Alsace, l'inquiétude gagnait. Le Magistrat de Strasbourg ordonna des prières publiques et augmenta la garnison en faisant entrer en ville des hommes de la milice tirés des bailliages. Les précautions n'étaient pas inutiles, car l'armée allemande, toujours amie, trouvant tous les passages du Rhin inférieur fermés, s'était dirigée vers le sud, avait remonté jusqu'à Mayence, passé le Mein entre cette ville et Francfort et menaçait l'Alsace, où Condé n'avait qu'un nombre dérisoire de troupes à lui opposer.

Trois passages conduisaient alors dans notre province à travers le Rhin. Les ponts de Philippsbourg et de Brisach, que la France occupait et défendait, et le pont de Strasbourg-Kehl. Ce dernier, comme moins bien défendu et comme appartenant à une ville d'empire, était le plus menacé. Y eut-il à son sujet des négociations entre Condé et la ville, et cette dernière, pour se réserver une porte de derrière, fit-elle valoir que peut-être elle ne serait pas de force à empêcher le passage le cas échéant? On ne sait ; mais quand on la voit par la suite insister à différentes reprises sur cet argument, il est permis de supposer qu'alors déjà elle le fit valoir. Le danger devenait pressant. Déjà des partis de maraudeurs (nous allions dire ennemis, contentons-nous de dire allemands) commençaient à parcourir et à piller la Basse-Alsace. Le 13 novembre, la panique fut telle que la ville fut envahie par les paysans des environs, fuyant de toutes parts à l'abri de ses murs avec ce qu'ils avaient pu sauver de leur avoir. Nous aussi, nous avons vu de ces scènes.

Condé n'était pas homme à se laisser surprendre par les événements. Il s'agissait d'empêcher l'invasion de la province ; il résolut d'aviser. Dans la nuit du 14 au 15 novembre, vers deux heures du matin, plusieurs grandes barques plates, montées par 300 hommes de troupes françaises qu'accompagnaient des charpentiers, abordèrent en silence le pont de Kehl, dont elles se mirent aussitôt à scier et à démolir les chevalets. Ces barques venaient de Brisach d'où elles avaient été expédiées par le gouverneur, le vicomte de Lescouët. Huit chevalets étaient détruits et le passage interrompu sur un espace correspondant avant qu'on se fût aperçu de rien en ville, et les Français purent se retirer sans être inquiétés.

Cet événement excita, comme on peut le croire, une vive émotion à Strasbourg. L'étonnement cependant fut plus grand encore que la colère. On se plaignit au résident, on écrivit au roi, à l'empereur, aux électeurs. L'empereur ne se hâta pas de répondre, mais Louis XIV s'empressa d'expliquer à « ses très-chers et bons amis », que le prince de Condé avait été contraint d'agir comme il l'avait fait par raison de guerre et afin de couper le passage aux Impériaux et aux Brandebourgeois, ce qui était autant dans l'intérêt de la ville que de la France, et que du reste on ne manquerait pas, à la paix, de fournir à la ville tous les dédommagements auxquels elle avait droit.

Cependant, comme le temps passait et que la paix se faisait de moins en moins, la ville, avec l'agrément de Condé qui était venu visiter Strasbourg, avait rétabli le passage au mois de janvier 1673, d'abord au moyen d'un bac, puis en réédifiant tout ce qui avait été détruit. Le roi s'en montra fort mécontent, et M. de Pomponne, secrétaire d'État, déclara au sieur Fleck, résident strasbourgeois auprès du gouvernement français, « que Sa Majesté avait été fort surprise d'apprendre que le pont avait été rétabli, qu'elle voulait qu'il fût rompu et remis dans l'état où il avait été, autrement elle s'en ressentirait ». Louis XIV ici, évidemment, abusait. L'acte de

Condé pouvait s'expliquer, mais prétendre que Strasbourg renonçât indéfiniment à son passage, alors surtout qu'il n'y avait plus
danger imminent, était inadmissible. Le Magistrat essaya inutilement de le faire comprendre. La discussion s'envenimait. La ville
eut le tort de laisser gratuitement insulter l'intendant d'Alsace,
Poncet de la Rivière, par l'officier qui commandait à Kehl. Le
gouvernement français de son côté avait fait saisir, à leur passage
à Philippsbourg, les bateaux strasbourgeois qui revenaient de la
foire de Francfort.

Enfin, le Magistrat, abandonné de l'empereur qui ne répondait
pas à ses doléances, dut céder. Il se décida à détruire de nouveau
la partie du pont qu'il avait rétablie, mais, détail caractéristique
et qui montre bien ce que l'autorité du gouvernement était devenue
dans la république, bien que la mesure eût été approuvée par les
Schœffen, c'est-à-dire par tous les représentants officiels de la population, on n'osa pas l'exécuter au grand jour. Ce fut pendant la
nuit du 4 au 5 mai 1673 qu'on procéda à la destruction partielle
du pont.

Cette conduite porta ses fruits. Quand, le 5 mai au matin, le
peuple apprit ce qui s'était passé, une émeute éclata. On criait
partout que la ville était vendue à Louis XIV, que déjà 1,000 Français étaient à Kehl, qu'il fallait en finir avec le résident français,
Frischmann (Strasbourgeois d'origine), ce traître, et lui faire subir
le sort que les Hollandais venaient d'infliger à Jean de Witt. La
foule, grossissant toujours et à laquelle se mêlaient beaucoup
d'hommes armés, après avoir fait une démonstration devant la
demeure de l'ammeistre régent, Jean Wencker, et s'être rendue
de là sur le *Barfüsserplatz* (aujourd'hui place Kléber), déclara qu'il
fallait rétablir le pont par la force et sortit de la ville tambour bat-
tant, mèche allumée. Pendant que les groupes discutaient au bord
du fleuve d'où l'on avait eu la précaution de faire retirer le bac qui
mettait le rivage en communication avec la partie conservée du
pont, le Magistrat fit fermer les portes et assembla en hâte les tribus. On parvint à grand'peine à ramener un peu de calme dans la
cité débarrassée de ses éléments les plus turbulents. Quant au
résident français, averti par le Magistrat, il s'était barricadé dans
sa maison où l'on n'osa pas l'attaquer. Il en fut quitte pour quelques vitres brisées. C'était le premier mouvement populaire que
Strasbourg eût vu depuis plus d'un siècle.

Tel fut le prologue du drame dont il nous reste à esquisser rapidement les péripéties. Dès le début, l'action se précisait, l'objet autour duquel les efforts et les passions des acteurs allaient se concentrer était mis en pleine lumière. C'était ce pont sur le Rhin que Strasbourg ne savait pas défendre et ne voulait pas, ne pouvait pas supprimer.

VI.

Il paraissait impossible que l'année 1673 se passât sans que les armées allemandes fissent une nouvelle tentative sur l'Alsace. Il n'en fut rien cependant. La civilisation n'avait pas encore accompli ces progrès merveilleux qui permettent de tuer les hommes avec une rapidité si admirable. La préparation d'une grande guerre ne s'improvisait pas ; on n'avait ni le télégraphe électrique, ni la mobilisation rapide, ni surtout un empire allemand *militarisé* et centralisé, épée de Damoclès toujours prête à tomber sur la tête de ses voisins. Il fallait du temps pour mettre en mouvement la machine gothique et rouillée du saint-empire. Et puis Léopold avait eu des mécomptes. L'électeur de Brandebourg, le grand électeur, comme on dit aujourd'hui (ce siècle était si grand qu'il avait de la grandeur pour tout le monde), lui avait faussé compagnie. Quelques déconvenues militaires assez sensibles l'avaient engagé à rentrer à Berlin, à accepter, avec la restitution d'une notable partie de ses États que la France avait conquis, une grosse pension de Louis XIV et à faire provisoirement la paix.

Le gouvernement français, ou plutôt, pour appeler les choses par leur nom, Louvois, eut en conséquence le temps d'aviser. Pour la première fois, toute son attention se porta sur l'Alsace. C'était là, selon toute apparence, qu'allaient se porter les premiers coups. On n'avait pas d'idées nettes sur cette province, si différente du reste de la monarchie et qui allait en devenir le rempart. Condé vint y faire ce que de nos jours on appellerait une tournée d'inspection. Il y vit des choses qui le remplirent d'étonnement et de tristesse, et il y avait de quoi.

Le 27 janvier nous l'avons vu à Strasbourg. Le 30 juin il était à Brisach ; son opinion était formée et il écrivait à Louvois cette lettre où l'ongle du lion a laissé sa marque :

« Je me puis m'empescher de dire que l'autorité du Roy se va perdant absolument dans l'Alsace. Les dix villes impériales, bien loing d'estre soumises au Roy, comme elles le debvroient estre, par la protection que le Roy a sur elles par le traicté de Munster, sont presque ennemies.

« La noblesse de la basse Alsace va presque le même chemin ; Haguenau a
fermé insolemment la porte au nez de M. de Mazarin » (le landvogt ou grand
bailli) « et la petite ville de Munster l'a chassé honteusement, il y a quelque
temps ; il a souffert ces deux affronts avec beaucoup de patience. Cependant
c'est un pli qui se prend ; je croy que le Roy debvroit prendre le temps qu'il
jugeroit à propos pour mettre Colmar et Haguenau à la raison, ce seroit une
chose bien facile ; les autres suivroient sans contredit leur exemple : c'est à
S. M. à juger quand le temps sera propre. »

Il faut bien remarquer cette lettre, car c'est une des dates de
notre histoire. Son programme va être exécuté à la lettre. Condé
d'ailleurs n'exagérait rien. Les villes de la décapole, obéissant en
aveugles aux excitations de la Diète, se préparaient ouvertement
à la guerre. C'en était trop. Désormais l'ère de la patience et de
la longanimité est close. Cette province que l'ennemi est presque
parvenu à soulever contre elle, la France va en prendre enfin possession. La main de fer de Louvois va briser sans pitié toutes les
résistances.

Louvois en effet, et derrière lui Louis XIV, arrivait. Le 10 août
il est à Strasbourg, où il entre aux détonations de l'artillerie. La
réception est des plus gracieuses de part et d'autre, mais on ne lui
montre que de loin les fortifications qu'il aurait désiré visiter. Le
14 août il passe devant Colmar sans y entrer. Les bourgeois tirent
le canon et vont le complimenter, mais il se montre froid et leur
promet seulement « la grâce du Roi *s'ils s'en montrent dignes* ». Le
lendemain, à Brisach, où les Colmariens inquiets l'avaient suivi et
lui demandaient audience, il leur fait dire qu'ils aient *à faire
amende honorable pour leurs fautes passées*. En même temps, les réquisitions pour l'armée, avoine, foin, paille, commencent et la
ville est entourée d'un cordon de cavalerie sous les ordres du marquis de Coulanges.

De son côté Louis XIV, de Metz, où il avait accueilli avec de
grandes démonstrations d'amitié une députation de Strasbourg,
était arrivé à Nancy, le 17 août, et refusait d'y donner audience à
la députation des dix villes, parce qu'elle n'avait pas à sa tête leur
« chef », le grand bailli. C'était ce même duc de Mazarin avec lequel elles se permettaient de si étranges libertés et avaient sans
doute jugé inutile de se concerter. Le Roi voyageait à petites jour-
nées avec la Reine, les maîtresses, Madame, la grande Mademoi-
selle, toute sa maison, tout l'éclat imposant de sa cour. Le 25 août,
le colonel de Coulanges, toujours campé autour de Colmar, fit
demander qu'à raison de l'arrivée prochaine du Roi, on descendît

du rempart les pièces qui s'y trouvaient en batterie. On se récria, mais on finit par décider que, *pour ne pas se montrer hostile,* on descendrait six grosses pièces et on reculerait un peu les autres.

Le dimanche suivant, 27 août, était le jour de l'élection du Magistrat colmarien. Selon la coutume, dès quatre heures du matin (on n'est plus si matinal à présent), les tribus s'étaient assemblées ; à cinq heures avait eu lieu la réunion du conseil. Au moment où l'on allait commencer le *Meistertag,* c'est-à-dire la prestation de serment annuelle appelée ailleurs *Schwœrtag,* arriva le syndic de Munster. Il venait en toute hâte avertir ses amis de Colmar de ne pas procéder à la cérémonie ; surtout, ajoutait-il, *qu'on se garde bien de prêter serment à l'empereur, ce serait la ruine de la ville.* Nous n'inventons rien. En 1673, vingt-cinq ans après la réunion de l'Alsace et à deux pas de Louis XIV qui allait arriver à Sainte-Marie-aux-Mines, les bourgeois de Colmar se préparaient tranquillement, suivant l'antique usage qui n'avait jamais été interrompu, à prêter serment à l'empereur, alors en guerre de fait avec la France !

Pour cette fois, le serment ne fut pas prêté, et le soir même, une députation composée du stettmeistre Klein, du syndic Rœttlin et d'un bourgeois, Ambroise Rieger, alla rejoindre à Sélestat la délégation des dix villes que le marquis de Ruzé, sous-bailli de la décapole, y avait réunie pour la présenter au Roi. Au marquis s'était joint le baron de Wangen, président du Directoire de la noblesse immédiate de la basse Alsace. La présence du représentant officiel des *Immédiats* à cette réunion prouvait suffisamment que, plus avisés que les gens des villes, les seigneurs, dont Condé avait signalé les mauvaises dispositions, avaient su à temps changer de conduite.

La délégation ne put pas parvenir jusqu'au Roi, mais elle alla, le lendemain, à la croisière des routes, présenter ses hommages à Louvois, qui revenait de Sainte-Marie-aux-Mines, où Louis XIV avait passé la nuit. Louvois dit aux députés : « Le Roi ne prétend rien entreprendre contre les villes, mais il est leur protecteur et il doit les protéger. En conséquence, faisant usage du droit que les traités et les arbitres lui ont reconnu, il veut, dans ces temps de troubles, y mettre garnison à ses frais. Pour le reste, on attendra la décision des arbitres à Ratisbonne. » Puis, se tournant vers les envoyés de Colmar, le ministre ajouta : « Le Roi n'entre dans aucune ville qu'elle ne soit occupée par ses troupes. Lors de l'arrivée de S. M. à Colmar, les bourgeois et les soldats de la ville auront donc à remettre les postes aux troupes royales. »

A cette déclaration inattendue et péremptoire, les délégués ne trouvèrent rien à répondre. Le droit de mettre garnison dans les villes, bien que l'Empire autrefois et la France l'eussent exercé, formait l'un des points les plus vivement contestés du procès qui se débattait entre la décapole et le gouvernement français, et les villes sentaient bien qu'une fois occupées par les troupes de Louis XIV, cette indépendance presque absolue qu'elles réclamaient à tort, ne pourrait plus être maintenue. Mais, dans les circonstances actuelles, résister c'était la guerre, la guerre immédiate avec le vainqueur de Maestricht, qui arrivait suivi d'une partie de son armée. Il n'y avait donc rien à répondre et le jour même une garnison française de 1,700 hommes fit son entrée à Sélestat.

A Colmar, tout semblait se préparer pour l'arrivée de Louis XIV. Les fourriers royaux, arrivés dans la matinée, y avaient marqué à la craie, suivant l'usage, des logements pour le Roi et les personnages de la cour. A cinq heures du soir, Louvois, suivi des délégués, y faisait son entrée et, derrière lui, les troupes campées aux environs, pénétraient par la porte de Deinheim, mèche allumée, et prenaient aussitôt possession des portes et des postes principaux.

Une fois dans la place, Louvois ne perdit pas un moment pour la *mettre*, suivant l'expression de Condé, *à la raison*. Pendant toute la journée du 29 août, la population consternée, à laquelle ordre avait été donné de livrer ses armes, vit arriver de tous les points de l'horizon, d'abord de nouvelles troupes avec du canon, puis les mineurs de Sainte-Marie, munis de leurs outils ; puis d'innombrables troupes de paysans du Sundgau, armés de pelles et de pioches. Que voulaient ces foules que l'enceinte de la ville ne pouvait plus contenir ? On le sut le lendemain quand on les vit, dès l'aube, attaquer de tous les côtés à la fois, par la sape et par la mine, les fortifications de la cité. En même temps, les canons restés sur les remparts en étaient descendus et l'arsenal était vidé. Toute cette artillerie, joie et orgueil des bourgeois, quatre-vingt-sept pièces avec leurs affûts et leurs munitions, était conduite pendant la nuit à Brisach.

Enfin le mercredi, 30 août, on annonce l'arrivée du Roi. Dès le matin, on voit l'avant-garde qui le précède défiler autour de la ville et prendre la direction de Brisach. En tête, 12,000 hommes de la garde, puis une interminable suite de mulets, d'attelages, de chevaux de main, enfin les carrosses dorés de la cour. On n'en compte pas moins de deux cent trente. Cela dura jusqu'à une heure de l'après-midi.

A ce moment Louis XIV, arrivé en vue de Colmar, monte à cheval et s'approche, pour examiner la ville, de la gravière que l'on voit encore près du quartier de cavalerie.

Que l'on se figure l'émotion de la population, atterrée de tant de coups qui la frappaient à la fois, voyant lui manquer tous ensemble les moyens préparés pour sa défense, et craignant des mesures plus rigoureuses encore ! Le Magistrat, qui siége en permanence, décide d'aller se jeter aux pieds du Roi. Il sort de la ville précédé du marquis de Ruzé, de l'abbé de Munster, du clergé, et suivi d'un long cortége de citoyens éplorés. Arrivé à la gravière, près du *Zwinger*, il s'agenouille, et le marquis de Ruzé s'approche pour complimenter Louis XIV. Mais le Roi ne répond rien; il n'a pas l'air de voir les assistants. Il enfonce son chapeau sur sa tête et part au galop pendant que la Reine et les princesses, tout émues, baisent la croix que leur présente l'abbé de Munster.

Louis XIV était résolu d'avance à ne pas entrer à Colmar. « Colmar, » a-t-il dit lui-même dans ses *Mémoires*, « qui était trop fier pour vouloir avoir à faire avec un homme tel que moi. » Il continua directement sa route sur Brisach et s'arrêta à Andolsheim, où il dîna dans son carrosse, « avec la Reine et Madame La Vallière », et où des paysans lui apportèrent des fruits et des raisins déjà mûrs. Le chroniqueur colmarien qui nous a conservé les détails du récit que nous venons de résumer — un tableau de Van der Meulen pris sur le vif — le trouve pauvrement habillé, *gering gekleidet*. Il portait ce jour-là un chapeau noir avec une petite plume blanche, un habit vert garni de passementeries d'argent et des bas rouges tirés en manière de bottes par-dessus les genoux.

La résistance de Colmar était brisée; le 18 septembre, les remparts et les tours dont les bourgeois se montraient si fiers étaient à bas. Les « *autres villes suivirent* », comme Condé l'avait prévu. Chose remarquable, après le premier moment d'effarement passé, c'étaient partout les bourgeois eux-mêmes qui démolissaient leurs vieilles murailles. On ne trouve pas trace, à l'encontre de la domination française, de cette résistance opiniâtre, irréconciliable, quoique souvent muette et passive, que montre un peuple qui repousse de toutes les forces de son âme un fait accompli contraire à tous ses sentiments, à tous ses instincts. La révolution nécessaire dont nous venons de retracer un épisode n'a pas laissé de souvenirs, preuve que le sentiment public du pays l'a ratifiée. Les villes elles-mêmes finirent par l'accepter. Avant de quitter l'Alsace, Louis XIV put encore donner à leurs délégués, à Brisach, une audience, on peut dire de réconciliation, où il les traita de la manière la plus gracieuse.

C'est ainsi que la France contrainte, presque malgré elle, à prendre possession de notre province, était amenée par la force même des choses à rétablir l'ordre et l'unité dans un territoire qui n'était, en 1648, comme on l'a déjà dit ici même, qu'une simple expression géographique. La réunion de Strasbourg n'a été que le dernier acte de la reconstitution de l'Alsace dont la soumission des villes impériales préparait la réalisation.

VII.

On a pu remarquer encore une fois dans le récit des événements que nous venons de résumer, combien différente avait été l'attitude de Louis XIV et de Louvois envers Strasbourg et envers les villes impériales, tout amicale pour l'un, toute de sévérité pour les autres. C'est qu'en effet de Strasbourg la France ne demandait qu'une seule chose, et cette chose était une reconnaissance implicite de son indépendance : rester neutre, ne pas prendre parti pour ses ennemis dont le nombre allait sans cesse croissant en Allemagne.

Si la guerre éclatait aujourd'hui entre l'empire d'Allemagne et l'un de ses voisins, ce serait certainement une prétention qui aurait peu de succès auprès de M. de Bismarck et à laquelle d'ailleurs il a été d'avance mis bon ordre, que celle que pourrait avoir l'un des États germaniques, la Bavière, par exemple, de rester neutre. Il n'en était pas de même au XVIIᵉ siècle. Le saint-empire n'était qu'une réunion d'États indépendants, investis chacun des droits du pouvoir suprême et notamment de celui de faire à son gré la guerre ou la paix. Chacun d'eux pouvait donc se désintéresser, selon son intérêt, de la querelle des autres et proclamer sa neutralité pendant qu'ils étaient en guerre. C'était là un principe de droit public germanique dont l'histoire de Strasbourg elle-même offre de nombreux exemples. Rien de plus légitime par conséquent que la demande de la France.

Et cette neutralité était au moins autant dans l'intérêt de Strasbourg que dans celui de la France. Car si la ville, derrière ses murailles et ses fortifications sans cesse agrandies, ne pouvait être atteinte qu'après un siége peut-être long et difficile, par contre les bailliages, Wasselonne, Marlenheim, Barr, Illkirch-Graffenstaden et le reste, étaient absolument sans défense. La neutralité avait pour effet de tracer autour de leurs frontières une barrière au pied de laquelle s'arrêtaient les rigueurs, terribles alors, plus encore qu'aujourd'hui, de la guerre. Que l'on songe, par exemple, que toute localité qui ne satisfaisait pas sur-le-champ aux réquisitions en nature et en argent, à ce que l'on appelait la *contribution,* était immédiatement et sans pitié incendiée. C'était là le droit des gens universellement admis depuis la guerre de Trente ans. Aussi voyons-nous, à mesure que la guerre approche de l'Alsace, les grands seigneurs encore indépendants de la province s'empresser de demander à Louis XIV, comme une faveur, la reconnaissance de leur neutralité. L'évêque de Strasbourg, le plus puissant de tous, écrivait le 6 septembre 1673 à Louvois : « Je vous supplie très-humblement, Monsieur, de contribuer que S. M. veuille bien m'accorder la neutralité ; je la recevrai comme une très-particulière grâce et vous en auray une très-sensible obligation. »

Il ne faut donc pas douter que Strasbourg, sans s'engager peut-être d'une manière aussi explicite, n'ait prodigué au gouvernement français des promesses de même nature. Le Magistrat le reconnaissait positivement dans une lettre qu'il avait fait adresser par le syndic Bernegger, le 21 septembre, au baron de Lisola, ce Franc-Comtois célèbre par sa haine contre la France et l'un des conseillers les plus écoutés de l'empereur, lettre curieuse d'ailleurs dans laquelle le Magistrat opposait, non sans amertume, la conduite de l'empire, « où tout le monde demeura les bras croisés et ne regarda nos maux et nos périls que comme des choses qui ne les touchaient point », à celle de Louis XIV, « ce conquérant qui leur réitérait de bouche et par écrit les assurances de ses bonnes grâces et leur en témoignait même les effets ». Dans une autre lettre à Louvois, du 12 janvier 1675, le Magistrat disait : « Non-seulement nous avons toujours tesmoigné de vouloir conserver inviolablement la neutralité avec la France, mais nous avons encore, et avec la dernière exactitude, fait tous les devoirs d'un estat voisin neutre et désintéressé. » Il fallait sans doute une certaine dose d'audace, nous le verrons, pour oser parler ainsi à cette date, mais l'aveu est formel. D'ailleurs, outre l'intérêt de premier ordre que nous avons signalé plus haut, la ville en avait un autre qui n'était pas moins important à ne pas figurer parmi les belligérants. C'était celui de son commerce qui se faisait surtout par bateaux et que la France eût pu ruiner entièrement en lui barrant le Rhin à Brisach et à Philippsbourg.

En échange de tant d'avantages, la neutralité consentie par la République lui imposait un devoir essentiel. Ce n'était pas — une pareille obligation eût été dérisoire — de s'abstenir de tout acte d'hostilité directe, mais bien de fermer également le passage qu'elle possédait sur le Rhin aux deux belligérants. De la stricte observation de cette clause dépendaient à la fois le salut de la province et le succès des opérations militaires. Strasbourg, cela est évident, ne pouvait commettre aucun acte d'hostilité plus grand que de livrer son pont aux ennemis.

C'était Turenne qui commandait alors en Alsace depuis la fin de l'année 1673. Il comprit que demander une seconde fois et d'avance la destruction du pont était chose impossible, mais il espéra arriver au même but par d'autres moyens. Il croyait à la loyauté et à la prudence du Magistrat. Décidé à exécuter avec la dernière rigueur les conditions de la neutralité en ce qui le concernait, il pensait que la République, de son côté, n'y faillirait pas. Il la savait faible, mais il espérait que, soutenue par sa présence, elle saurait résister à un coup de main du dehors comme à un mouvement populaire au dedans. Loyauté absolue et confiance, telle fut la politique du grand honnête homme vis-à-vis de Strasbourg. Turenne aimait Strasbourg. Il eut pour la ville non-seulement les procédés que commandait une politique sage, mais les égards, les attentions, on pourrait dire les petits soins d'une amitié tendre. Explique qui pourra ces sentiments qui ne se démentirent jamais, qui résistèrent aux épreuves les plus cruelles, aux torts les moins pardonnables ! Ils se montrent, ils éclatent dans sa correspondance. Peut-être le vieux huguenot, imparfaitement converti, gardait-il au fond du cœur un faible pour la cité protestante ; peut-être le vieux soldat à l'âme droite, simple et héroïque, mal à l'aise au milieu des intrigues et des pompes de la cour, se sentait-il attiré à son insu vers la simplicité républicaine.

Quoi qu'il en soit, les événements parurent lui donner raison d'abord, et quand, au printemps de 1674, le comte Caprara et le duc de Lorraine se présentèrent devant Strasbourg, le Magistrat refusa le passage qu'on lui demandait et les troupes allemandes durent se retirer dans la direction de Heidelberg.

C'est ainsi que commençaient ces deux immortelles campagnes de 1674 et 1675, où le grand capitaine, comme un soleil couchant dont les rayons sont plus beaux au moment où il va disparaître, jetait les derniers et les plus glorieux éclats de son génie. Il n'est permis à aucun Alsacien, à aucun Français d'ignorer ces pages de notre histoire. Nous pouvons donc passer vite. Remarquons bien cependant, car, Dieu merci, on a assez abusé de ces questions de procédure contre nous, qu'ici c'est bien l'Allemagne qui est l'agresseur ; non-seulement c'est elle qui déclare la guerre, mais c'est elle qui l'a voulue, cherchée, préparée de longue main. C'est l'empereur qui, en faisant arrêter comme un malfaiteur, au Congrès de Cologne où Louis XIV négociait les bases d'un arrangement, le délégué de la France, le prince Guillaume de Furstenberg, avait rendu toute entente impossible. A cet affront qui fait songer involontairement à la fameuse dépêche d'Ems, le grand Roi, plus avisé que les ministres du second empire, n'avait répondu que par la patience. Tous les torts, fond et forme, sont donc du côté des Allemands. Du nombre des cinquante et une invasions françaises en Allemagne qu'ils ont enregistrées (ils ont eu l'impudeur d'y faire figurer l'expédition de Coligny pour porter secours à l'empereur contre les Turcs), ils voudront donc bien effacer celles que Turenne va entreprendre et qu'ils ont si gratuitement provoquées. Mais nous, Alsaciens, quand nous dresserons l'interminable liste des invasions germaniques sur notre sol, avec leur cortége de misères et de ruines, nous n'oublierons pas celles dont il nous reste à parler.

C'était la première fois dans les temps modernes que l'Allemagne se ruait tout entière sur l'Alsace. L'empereur, l'électeur palatin, les électeurs de Trèves et de Mayence, le prince Hermann de Bade, compensant par la grandeur de son zèle l'exiguïté de son importance, le duc de Lorraine, le duc de Zell-Lunebourg, les troupes des cercles de Franconie et de Souabe, et derrière eux, tout dans le fond, l'électeur de Brandebourg dont le patriotisme éclairé calculait qu'il y aurait sans doute quelque chose à gagner à oublier le traité qu'il venait de conclure avec la France. Ils arrivaient tous, plusieurs traînant à leur suite leurs augustes familles, et en face d'eux il n'y avait que Turenne avec une armée de dix mille hommes.

Comment il passa le fleuve, les battit et les dispersa à Sinzheim avant qu'ils fussent tous réunis, nous n'avons pas besoin sans doute de le raconter. La cour pourtant s'épouvantait de tant d'audace ; on le rappela sur la rive gauche du Rhin, on voulut qu'il renonçât à défendre l'Alsace. C'est alors qu'il écrivit à Louis XIV cétte admirable lettre où, entre autres choses, il disait : « Je suis persuadé qu'il vaudrait mieux pour le service de S. M. que je perdisse une bataille (plutôt) que d'abandonner l'Alsace et de repasser les montagnes. » Turenne, lui, quand tant d'autres ne l'ont jamais su ou l'ont oublié, savait ce que valait l'Alsace. « Il ne faut pas, disait-il au marquis de la Fare, qu'il y ait un homme de guerre en repos en France tant qu'il y aura un Allemand en deçà du Rhin en Alsace. » (*Mémoires de la Fare*, page 205.)

Tout dépendait de Strasbourg; si Strasbourg gardait fidèlement son passage, soutenu comme il pouvait l'être au besoin par Turenne qui se tenait entre Wissembourg et Landau avec une armée renforcée, l'Alsace était sauvée.

Cependant les alliés, sur la rive droite du fleuve, envoyaient en toute hâte une avant-garde de cavalerie, commandée par Caprara, vers le pont de Strasbourg, et à Strasbourg même, le comte de Hohenlohe intriguait, répandant des bruits, excitant des défiances, semant la haine et ne ménageant pas l'argent. Déjà on commençait en ville à « maltraiter les vivandiers de l'armée française et on refusait des vivres en payant ». Le Magistrat hésitait. Turenne, le 20 septembre, lui envoya l'intendant général Machaut pour l'encourager à la résistance et lui rappeler ses promesses. Le Magistrat protesta qu'il était incapable d'y manquer, mais il faiblissait visiblement. Güntzer, le secrétaire du conseil, qu'il députa le lendemain ou le surlendemain à Turenne, vint renouveler les mêmes assurances, mais il ajouta : « Qu'on ne serait peut-être pas maître de résister au peuple qui voulait accorder le passage. » On se préparait donc à céder et ce message, qui n'était à coup sûr ni digne, ni fier, n'avait pas d'autre but que de se ménager une excuse si le succès ne répondait pas aux espérances des Allemands déjà toutpuissants à Strasbourg.

Turenne le comprit à merveille. Il fit partir à l'instant même le marquis de Vaubrun avec un corps de 2,000 hommes d'infanterie, 2,000 hommes de cavalerie et quelques pièces de canon pour la Wantzenau. Vaubrun était chargé de faire savoir au Magistrat (ce qu'il fit en effet le 23 septembre), que puisqu'il ne se croyait plus maître de défendre le passage du pont, il lui restait une chose à faire pour garder la neutralité, c'était de le détruire, et que, si on ne voulait pas le faire ou prendre quelque mesure équivalente, il se verrait, lui Vaubrun, contraint de s'opposer par la force au passage des ennemis et d'occuper le fort de l'Ile-du-Rhin, s'engageant d'ailleurs à payer les moindres dommages que feraient ses troupes.

Le 25 septembre, Turenne alla rejoindre son lieutenant qui, de la Wantzenau, avait passé l'Ill à gué et s'était établi dans la Robertsau. Là il apprit que la ville venait d'accorder le passage aux Impériaux. Cependant l'armée allemande n'était pas encore arrivée ; il espéra que des négociations nouvelles et une démonstration sur le fort de l'Ile-du-Rhin pourraient faire reculer le Magistrat. Vain espoir ! Le Magistrat, manquant à toutes ses promesses, ouvrait ses portes à Caprara et livrait le fort de l'Ile à ses dragons. En même temps, le drapeau rouge était hissé sur la cathédrale, le tocsin sonnait à toutes les églises et, le 27 septembre, pendant que l'artillerie, qu'on a montée en hâte sur les remparts, tire sur les Français, l'armée allemande, enfin arrivée, passe le Rhin.

C'en était fait, Strasbourg venait de livrer l'Alsace aux ennemis ! Turenne, avec son armée bien inférieure en nombre à celle des alliés, se retire lentement vers les montagnes. Avant de passer les Vosges, il se jette encore une dernière fois sur les Allemands, et dans un choc furieux, à Entzheim, il leur tue ou leur prend 6,000 hommes.

L'hiver était venu, la France ne possédait plus en Alsace que Saverne et Haguenau au nord, au sud Belfort et Brisach. Les Allemands s'étaient étendus comme une tache d'huile sur le reste. Ils étaient 50,000, nombre immense pour le temps, et leurs réquisitions, leurs pillages, leurs incendies « faisaient souffrir à la province des maux qu'elle n'avait pas connus même pendant la guerre de Trente ans ». (Strobel, IV, page 70.) Rien que dans les environs de Strasbourg ils avaient détruit ou brûlé Lingolsheim, Düppigheim, Düttlenheim, Küttolsheim, Brumath presque en entier, Souffelweyersheim, Truchtersheim, Kirchheim, Nordheim, Fegersheim, Ohnenheim, Geispolsheim, Altorf et Innenheim. Dorlisheim et Marlenheim, quoique appartenant à Strasbourg, avaient été pillés. Quand on avait besoin de bois pour élever les baraques d'un camp, ou simplement pour se chauffer, on démolissait un village. Strasbourg, par un « juste retour des choses d'ici-bas », souffrait autant que les autres des calamités qu'il avait déchaînées. Ses bailliages étaient ruinés, ses rues envahies par une foule de misérables sans asile et sans pain, accourus des campagnes environnantes ; la disette et les épidémies décimaient la population.

Pendant que les alliés se gaudissaient, s'étalaient sur la grasse terre d'Alsace et que l'électeur de Brandebourg poussait la rapacité jusqu'à vouloir se faire livrer par Mulhouse les quelques épaves que les fugitifs de la basse Alsace avaient mises à l'abri dans ses murs — demande odieuse qui fut repoussée comme elle le méritait par la petite République (Mieg, I, page 255), — Turenne, par un froid rigoureux, dans la neige, dissimulait sa marche à travers les forêts des Vosges lorraines et arrivait le 27 décembre à Belfort. On ne l'attendait pas, aussi fit-il aussitôt tirer le canon pour annoncer sa présence aux Allemands. Le 29, il culbutait leur cavalerie sous les murs de Mulhouse, et, après avoir été saluer à la Porte-Haute « ses bons amis » les bourgeois et le bourgmestre qu'il avait fait prévenir, il se logeait le 5 janvier à Turckheim, par une manœuvre mémorable et un combat brillant, dans le flanc même des ennemis.

Le grand électeur et Mme l'électrice et tant de princes et seigneurs ne se le firent pas dire deux fois. Abandonnant le somptueux festin dont les tables étaient dressées à Colmar, et bien que la saison fût peu favorable aux voyages, ils s'empressèrent à qui mieux mieux de regagner le pont de Strasbourg. Le 11 janvier, ils l'avaient tous repassé. L'ammeistre Reisseissen, résumant cette campagne qui devait, d'après les manifestes impériaux, *rétablir les fidèles États et sujets de l'empire dans leurs anciennes libertés*, écrivit dans son journal : « Ils n'ont rien su faire dans le pays que des malheureux, après quoi ils sont rentrés chez eux. *Welche aber nichts gethan als arme Leute gemacht und darauf repassirt.* »

Ce ton méprisant montre bien que les *sentiments germaniques* n'avaient eu aucune part au parti pris par Strasbourg trois mois auparavant. La République n'avait plus de plan de conduite arrêté ; elle allait au hasard des événements, cédant à celui des deux adversaires qui paraissait pour le moment le plus fort, politique sans prudence et sans dignité au bout de laquelle était l'abîme. Elle avait cru que les chances de succès étaient du côté des Allemands et maintenant elle se trouvait en face de la France victorieuse et justement irritée. Qu'allait-il arriver ? Qu'aurait fait M. de Bismarck en 1871 si, au début de la guerre, la Belgique ou la Suisse avait livré passage à une armée française ?

Turenne pardonna. Il n'eut pas un mot de reproche ; il feignit, avec le tact le plus délicat, de prendre pour bonnes les excuses empressées que le Magistrat lui fit parvenir par l'organe de Güntzer, dès que le dernier Allemand eut quitté le pays. Il écrivit sans tarder à la République pour « lui donner l'assurance que le Roi n'entendait pas la rendre responsable de la *violence que la populace lui avait faite,* à condition qu'elle gardât mieux à l'avenir son pont et sa neutralité ». Inutile de dire que là-dessus le Magistrat promit verbalement tout ce qu'on voulut. Aussitôt le maréchal fit publier une déclaration émanée de son camp de Guémar, le 19 janvier, par laquelle il était enjoint aux troupes du Roi « d'observer fort ponctuellement la neutralité qui a été renouvelée depuis peu entre S. M. et la République de Strasbourg », avec « ordre très-exprès aux commandants desdites troupes de tenir la main *avec toute la sévérité possible* à ce qu'elles se comportent à l'égard des lieux de ladite République de manière que les habitants n'ayent aucun sujet de se plaindre », et ordre plus particulier encore « au seigneur de Lusbourg de n'inquiéter en quelque manière que ce fût les habitants de Wasselonne et de Marlen » (Marlenheim). Et ce n'est pas tout. A la cour même, où il était allé le 22 janvier, « à travers les acclamations enthousiastes des provinces et de Paris, recevoir les embrassements de Louis XIV, les témoignages d'admiration de tous les hommes de guerre et les félicitations de tous les courtisans », Turenne n'oubliait pas encore Strasbourg. Au milieu de son triomphe, il s'employait à servir la ville qui lui avait si gravement manqué, à excuser ses torts, et il trouvait le temps de lui écrire cette lettre *autographe,* bien touchante si l'on songe aux circonstances : « J'arrivai hier au soir et je vis Sa Majesté, et je peux vous répondre qu'elle est dans les sentiments que je vous tesmoignay en partant. Vous pouvez vous confier que vous aurez de la part du Roi tout ce que vous pouvez souhaiter pour votre tranquillité. »

Et ce n'étaient pas là de vaines paroles. Turenne, le *père du soldat,* punissait avec une inexorable rigueur la moindre infraction aux promesses qu'il avait faites à la ville. Si nous n'étions pas forcé de nous restreindre, nous pourrions en rapporter de remarquables exemples.

Après ce qui s'était passé cependant, on ne pouvait plus se contenter des promesses vagues et orales du Magistrat. Il fallait à la France un traité en forme, un instrument écrit où tous les cas fussent prévus et résolus d'avance. Un nouveau résident français, Frémont d'Ablancourt, homme distingué, conciliant, de manières douces, choisi par Turenne lui-même, avait remplacé Frischmann à Strasbourg, et nous pensons que ce fut lui qui mena à bien les négociations. Quoi qu'il en soit, le traité fut signé dans les premiers mois de 1675. Nous n'en connaissons pas le texte, qui n'a jamais été publié, mais nous savons par le témoignage de Reisseissen que, non-seulement la République s'engageait à refuser absolument le passage aux deux belligérants, mais encore qu'elle accordait formellement à l'armée française le droit, si cet engagement n'était pas exécuté, d'occuper, même par la force, le fort du petit Rhin (*Zollschanz*).

Ce traité si positif donnait-il une garantie de plus à la France? On vit bientôt ce qu'il en fallait penser, quand, dans le courant du mois de mai, Montecuculi, le meilleur général de l'empereur, s'avança à la tête d'une armée de 25,000 hommes menaçant directement le pont de Strasbourg. Il avait entamé avec la ville des pourparlers qui donnèrent les plus vives inquiétudes au résident français. Les choses en vinrent au point que ce résident, craignant de se voir surpris comme l'avait été son prédécesseur Frischmann, crut devoir mettre le Magistrat en demeure de déclarer, *dans l'espace d'une demi-heure,* s'il voulait la paix ou la guerre. En même temps, Turenne qui, depuis le 11 mai, avait repris le commandement en Alsace, faisait avancer son armée de Sélestat à Benfeld et envoyait même un détachement dans les environs du fort du petit Rhin. Un instant il avait cru que Montecuculi l'emportait et il l'avait écrit à Louvois, mais sa démonstration militaire fit pencher la balance en sa faveur. Le Magistrat poussa des cris de consternation, protesta que « jusqu'à présent les généraux impériaux ne s'étaient pas encore déclarés qu'ils demandaient le passage » et réclama le retrait des troupes, « afin, disait-il, d'oster de nos esprits l'ombrage que leur proche voisinage nous doit donner avec raison ». La cause était gagnée. Montecuculi s'aperçut que le moment favorable était passé et s'éloigna comme pour faire le siége de Philippsbourg.

Turenne vit bien qu'il ne s'éloignait que pour revenir. Tout en répondant avec une bonne grâce charmante aux lettres du Magistrat et en l'assurant que « les mouvements de l'armée n'étaient que pour assurer la neutralité dont ils étaient convenus et à laquelle il s'attendait toujours jusqu'à ce qu'il en eût vu les effets contraires », le maréchal comprenait à merveille qu'il n'y avait plus aucun fonds à faire sur les promesses de la République. Comment l'aurait-on pu d'ailleurs, quand, au moment où elle se liait par les promesses les plus solennelles, elle s'en rendait à elle-même l'observation presque impossible en ouvrant ses portes à une garnison allemande, en prenant à sa solde des troupes des cercles de l'empire[1] ?

Dans ces conditions, Turenne se décida à prendre un grand parti. Il passa le fleuve, le 7 et le 8 juin, sur sept ponts de bateaux qu'il avait fait jeter à Ottenheim et alla se placer sur la rive droite entre les Allemands et la ville. Dès que sa manœuvre fut terminée, Strasbourg, dont on n'avait pu jusqu'alors tirer que des paroles, s'empressa de fournir des actes. La République rompit le jour même le pont qu'elle avait sur la Kintzig à Kehl, et quelques jours après, elle écrivit à Montecuculi que « la neutralité dont elle faisait profession s'opposait à ce qu'elle accordât le passage aux armées impériales, si les chances de la guerre devaient les mettre dans le cas de le demander ».

Turenne, en opérant comme il venait de le faire, s'était condamné à la tâche la plus ingrate. Il fallait lutter sur un espace de quelques lieues carrées, dans les conditions les plus difficiles, sans espoir de ces grands succès que son armée éprouvée et son génie lui eussent assurés partout ailleurs. Mais c'était le seul moyen qui restât, étant donnée l'attitude de Strasbourg, d'empêcher l'invasion de l'Alsace en conservant l'avantage de l'offensive. C'est là qu'il succomba, qui l'ignore ? dans une obscure escarmouche, le 27 juillet 1675. Il avait sacrifié sa vie et la moitié de son armée au respect de l'indépendance de Strasbourg. Lui mort, l'armée française, où personne n'était en état de continuer une entreprise impossible pour tout autre, se mit en retraite et repassa le Rhin. Le 4 août, Montecuculi était devant Kehl, et le 7, Strasbourg, au mépris de tous les traités, de toutes les promesses, sans discussion, comme la chose la plus simple du monde, livrait encore une fois passage aux armées ennemies.

VIII.

C'était pour la seconde fois en moins de douze mois que l'Alsace était envahie, ses récoltes détruites, ses populations rançonnées, les provinces centrales de la France menacées par le fait et la faute de Strasbourg. Et tout cela dans quel but ? Pour prolonger de quel-

---

1. Nous sommes désolé d'être sur ce point, comme sur quelques autres, en contradiction formelle avec nos devanciers. On admet généralement (par exemple *Strobel*, V. p. 77) que c'est à ce moment précisément que la ville renvoya les *Kreisvölker*. Malheureusement les documents du temps disent le contraire. (Voir lettre de Turenne du 9 juin 1675 et de Montecuculi du 5/15 juin de la même année. *Kentzinger,* pages 205 et 196 du tome II.)

ques jours l'existence d'une oligarchie condamnée, qui ne savait plus même gouverner, d'une liberté dont il ne restait plus que le nom. C'était payer bien cher un bien pauvre résultat. Strasbourg invoquait ses devoirs envers l'empire, devoirs qu'elle s'était gratuitement imposés, mais ses devoirs naturels envers l'Alsace comment les observait-il ? Strasbourg voulait conserver son indépendance, et ce désir était certes légitime, mais sa politique égoïste en avait fait un danger perpétuel pour ses voisins. D'ailleurs cette indépendance qu'on faisait sonner si haut, existait-elle encore ? Un État n'a-t-il pas cessé d'être indépendant quand il ne sait plus dire *non ?*

On n'exigera pas de nous le récit des événements militaires dont notre pays fut le théâtre et la victime jusqu'à la paix de Nimègue. C'est toujours la même chose. Le pont de Strasbourg, fermé aux Français qui d'ailleurs n'en ont jamais réclamé l'usage, s'ouvre chaque année, quelquefois à plusieurs reprises dans une année, pour les Allemands, et verse sur la malheureuse Alsace tous les maux de la boîte de Pandore. Il s'ouvre, le 10 et le 11 juin 1676, pour une armée qui défile pendant deux jours. En 1677, c'est mieux. Le 15 avril, le duc de Lorraine passe à la tête de soixante mille hommes ; le 18 juin, c'est le duc de Saxe-Eisenach qui traverse le pont avec les troupes des cercles et va ravager la haute Alsace. Le 21 septembre, après que le duc de Saxe-Eisenach, rejeté sur la rive droite du Rhin, a été écrasé à Willstett par Créqui et Montclar, et que cinq de ses régiments ont trouvé un asile dans le fort de Kehl, c'est le duc de Lorraine, amenant une nouvelle armée, qui rentre en Alsace par le pont de Strasbourg. Dans le courant du mois de novembre suivant, c'est encore le duc de Lorraine qui repasse le pont pour aller, trop tard heureusement, au secours de Fribourg que Créqui vient de forcer à capituler. Quatre passages ennemis en une seule année ! Et Strasbourg est toujours neutre, *dans une parfaite neutralité,* toujours ses bailliages, ses biens, son commerce sont respectés par les généraux français ! Si en 1676 le maréchal de Luxembourg fait détruire les récoltes et les fourrages devant l'ennemi pour l'empêcher de subsister dans la basse Alsace, il a soin de promettre à Strasbourg un dédommagement pour les pertes que cette opération pourrait faire subir à ses bourgeois. Pour répondre à ces bons procédés la ville fournit de l'artillerie aux ennemis et permet à 1,200 hommes, sous les ordres du duc de Brunswick, d'occuper la redoute du Rhin. C'est à Stras-

bourg que le duc de Lorraine fait travailler, pendant tout l'hiver de
1675 à 1676, à la confection de l'immense matériel de guerre qui
va servir au siége de l'héroïque Philippsbourg. C'est à Strasbourg
enfin que se trouvent les magasins généraux des armées impériales,
d'énormes approvisionnements en blé et en denrées de toutes sortes,
mais s'il sort de la ville un chariot avec du drap et de l'eau-de-vie
pour l'armée française, on ne manque pas d'en ordonner la saisie,
à moins que le chargement n'appartienne au gendre de quelque
ammeistre. C'est ainsi que Strasbourg comprend et pratique la neutralité. Tout cela est parfaitement connu du résident, des ministres,
des généraux, du moindre soldat français, et pourtant les ménagements envers la République continuent. Aucun acte d'hostilité n'est
permis contre elle. Proclamons-le bien haut, Louis XIV et Louvois, que l'on nous peint comme si peu endurants, ont épuisé en
faveur de Strasbourg la mesure de la longanimité humaine ; ils
ont fait pour la République ce que, certes, ils n'ont fait pour personne.

Depuis que Philippsbourg était tombé par la faute du maréchal
de Luxembourg, l'hostilité toujours plus déclarée de Strasbourg
avait rendu la défense de l'Alsace presque impossible. La frontière
militaire avait été reportée aux Vosges, la Lorraine servait de base
d'opérations et le maréchal de Créqui avait son quartier général à
Nancy. Dans l'armée, ce n'était qu'un cri d'indignation contre cette
ville, cause de tant de maux, et qu'il fallait encore traiter en amie.
Le siége de Strasbourg était-il donc plus difficile que celui de
Maestricht, de Valenciennes, de Cambrai, que tant d'autres siéges
célèbres ? Vauban n'était-il pas là ? Et si on ne voulait pas attaquer
la ville, ne pouvait-on pas au moins s'emparer du passage et le
rendre inaccessible aux ennemis ? Voilà ce que pensaient, ce que
disaient, non pas seulement les simples soldats, mais les officiers,
mais les généraux.

Ce n'est pas un des côtés les moins curieux, mais c'est à coup
sûr l'un des moins connus de cette histoire où il reste encore plus
d'un point obscur, que la résistance opiniâtre, invincible de
Louis XIV et de Louvois, aux projets sans cesse renouvelés, formés
contre Strasbourg par les généraux français qui ont commandé en Alsace après Turenne. On peut voir par là combien se sont trompés ceux,
et leur nom est Légion, qui n'ont pas craint d'attribuer au grand roi
des desseins ambitieux longuement poursuivis contre la République. Le 26 juillet 1676 déjà, pendant que le duc de Lorraine

employait toutes ses forces au siége de Philippsbourg, le maréchal de Luxembourg proposait à Louvois de faire de son côté le siége de Strasbourg. « Si j'osais vous dire mon avis, écrivait-il, j'aimerais mieux prendre ce parti que celui d'attaquer les ennemis, parce que j'aimerais mieux que le Roi eût Strasbourg que Philippsbourg. » Le Tellier, qui faisait l'intérim de Louvois, se hâta de répondre que « Sa Majesté n'estimait pas qu'il y eût lieu de tenter cette diversion ». Le maréchal de Créqui à son tour reprit l'idée. Ce brillant soldat, qu'on a quelquefois comparé à Turenne par certains côtés, se distinguait nettement de son illustre devancier par la haine vivace, et malheureusement trop facile à s'expliquer, qu'il portait à la République. En août 1677, il avait soumis à Louvois un projet pour attaquer le pont de Strasbourg. Le ministre répondit le 1er septembre : « A l'égard du pont de Strasbourg, le Roi ne veut pas que vous songiez à l'attaquer. » Au mois d'avril suivant, Créqui revient à la charge, Louvois répond le 18 : « La destruction du fort de Kehl ne paraît à sa Majesté d'aucun avantage, n'ayant pas dessein d'attaquer Strasbourg. » L'opiniâtre maréchal insiste encore et Louvois, un peu ébranlé à la fin, répond le 27 juillet 1678 : « Quant à la proposition que vous faites d'attaquer Strasbourg, Sa Majesté ne juge pas à propos de faire une pareille entreprise dans les conjonctures présentes. »

C'était encore un refus, mais ce n'était plus un refus net, formel comme les précédents. On voyait que, dans l'esprit du ministre, la conviction s'établissait que le temps des ménagements était passé et qu'un jour pourrait venir où les circonstances permettraient de mettre à la raison l'incorrigible République.

La haine clairvoyante de Créqui sut mettre à profit cet aveu. Ce qu'on lui défendait fut précisément ce qu'il exécuta.

Il avait fait approuver à Versailles un plan de campagne qui consistait à enlever Offenbourg. Mais quand il se présenta devant la place, malgré les savantes manœuvres par lesquelles il croyait avoir éloigné l'armée du duc de Lorraine, son adversaire y arrivait en même temps que lui, débouchant des montagnes de la Forêt-Noire. Le coup de main était manqué ; le maréchal, après un brillant combat où il repoussa jusque sous la protection de leur artillerie les troupes allemandes qui lui barraient la route, dut renoncer à son entreprise.

C'était donc un échec ? Créqui ne laissa à personne le temps de le soupçonner. Avec une rapidité merveilleuse, il changea son plan, et, se retournant contre Strasbourg, qui était là tout à portée, il sut faire croire que l'opération qu'il venait de tenter n'était qu'une feinte et que celle qu'il allait entreprendre était son véritable objectif. Il ne s'agissait pas, bien entendu, d'attaquer sérieusement la place, c'eût été désobéir d'une manière trop formelle aux ordres du Roi. On allait seulement donner une leçon, *ein kalter Wasserstrahl*, comme on dit aujourd'hui à Berlin, à MM. de Strasbourg.

Créqui commença par demander la remise du fort de Kehl et du pont du Rhin. Le Magistrat refusa, c'était prévu. Dans la nuit même la tranchée fut ouverte, le lendemain, 26 juillet, les batteries de canons et de mortiers ouvrirent le feu et, le 28, l'assaut fut donné par 10 compagnies de grenadiers et 300 dragons. La garnison, trop faible pour résister, après s'être défendue avec un courage auquel les officiers français furent les premiers à rendre hommage, céda et s'enfuit vers le pont, d'abord les paysans (milices des bailliages), puis les bourgeois, enfin les vrais soldats, les Suisses. De 800 hommes, 100 étaient tombés, d'après Reisseissen qui commandait. Le capitaine Simmler, de Zurich, et les autres prisonniers furent relâchés le lendemain sans rançon. Créqui fit retirer l'artillerie et les provisions du fort, détruire les fortifications et mit le feu au pont. Le 30 juillet, Kehl fut incendié, puis évacué.

Cela fait, Créqui reprit les négociations, protestant, non sans quelque ironie, qu'il ne demandait qu'à vivre avec la ville sur le pied *d'une parfaite neutralité*, et qu'il n'avait pas l'intention de l'attaquer, pourvu qu'on lui remît le fort de l'île du Rhin et le troisième fort, la *Zollschanz*, construit au bord du petit Rhin, sous le canon même de la place. En même temps, il faisait passer son armée sur la rive gauche du fleuve et prenait position dans la Robertsau. Le 9 août, des batteries étaient établies pour battre les forts ; le 12, ces forts étaient abandonnés par leur garnison et occupés par les troupes du maréchal. Le pont du Rhin fut alors détruit en entier et toute communication entre Strasbourg et l'Allemagne interrompue.

Cette leçon sévère était méritée ; elle ne corrigea pas ces bourgeois orgueilleux qui, loin de se laisser abattre, firent énergiquement face à l'attaque et surent trouver des ressources dans une situation en apparence désespérée. Encouragés par l'arrivée de quelques troupes que le duc de Lorraine était parvenu à faire entrer en ville en leur faisant passer le Rhin en bateau, ils déclarèrent qu'ils renonçaient à la neutralité et prenaient le parti de l'Empereur, « *worauf man sich Kayserlich erklært* », dit Reisseissen. Les troupes impériales jurèrent fidélité au Magistrat et l'on partit en guerre contre le maréchal.

Strasbourg, dont la garnison, incessamment accrue, finit par s'élever au chiffre respectable de 20,000 hommes, voulait la guerre ; on la lui fit. Avec quelle joie, Créqui qui, précédemment, s'était déjà donné, à l'insu de la cour, la satisfaction de fourrager un peu dans les bailliages strasbourgeois, avec quelle joie il fit occuper tous les *lieux* (comme on disait alors) de la République, procédant avec la dernière rigueur et mettant même le feu aux villages quand la *contribution* n'arrivait pas ! Strasbourg récoltait les colères qu'il avait si follement semées, et pourtant ce fut un jeu cruel et l'on aimerait mieux, pour la gloire de Créqui, qu'il eût montré plus de modération.

Il avait peu à peu entouré Strasbourg d'un cercle de fer. A chaque démonstration hostile, il répondait par de nouvelles représailles. Le 28 août, de son camp d'Obermodern, il lança un manifeste défendant, sous peine de mort, à tout habitant d'Alsace d'avoir aucun commerce directement ou indirectement avec la ville, enjoignant d'arrêter tous ses courriers, de saisir leurs dépêches et paquets, et ordonnant enfin d'exercer contre ses habitants tous actes d'hostilité. Ce fut un blocus complet. « Nous sommes ici complétement enfermés, écrivit Reisseissen dans son journal. Depuis le manifeste de Créqui, personne n'ose plus se risquer à quelque distance de la ville, et rien n'y arrive plus de la campagne. » Pour se donner de l'air, la garnison fit une sortie le 15 septembre et occupa, avec 1,600 hommes, plusieurs îles du Rhin. Les troupes du maréchal en occupèrent aussitôt deux autres. Le 24 octobre, elles s'établirent à la Hohe-Warth et au Neuhof sous les murs mêmes de la ville, si bien que Reisseissen, qui avait été envoyé en mission à Offenbourg, auprès du duc de Lorraine, dut attendre huit jours avant de pouvoir rentrer chez lui. Le 1er novembre, il put revenir, Créqui avait retiré ce jour-là ses troupes, après avoir fait détruire le peu qui restait encore du pont du Rhin, les deux forts et mis le feu à Illkirch et à Graffenstaden.

On voit combien le caractère de la lutte s'était aigri, et ce n'était pas seulement du côté de l'armée française. L'étrange correspondance entre le commandant Planque et le Magistrat, que Kentzinger nous a conservée, nous fait connaître, du côté de la ville, des faits qui ne témoignent pas d'une moindre animosité. Il y est question de prisonniers français bâtonnés dans les rues de Strasbourg, d'un soldat.français malade, surpris dans un champ de chanvre et massacré par des bourgeois. Et cependant, malgré ces passions allumées, les sentiments germaniques ne faisaient guère de progrès dans les cœurs des citoyens de la République. Dans le courant du mois d'août, au plus fort des hostilités et au moment où, par une délibération solennelle, la ville venait de se déclarer *impériale*, arriva à Strasbourg la nouvelle de l'heureuse naissance d'un fils de l'Empereur. Quelle occasion de manifester son attachement à l'auguste chef de l'Empire! Aussi n'y manqua-t-on pas. « Attendu, dit Reisseissen, que nous venons de prendre une délibération par laquelle nous avons déclaré vouloir suivre le parti de l'Empereur, le précepteur de mes enfants, maître Hartenstein, a fait, pour célébrer cette naissance, le vers suivant :

Sit, precor, Augustus Germano hic mensis in orbe. »

Un seul vers latin, et encore exécrable, voilà tout ce que parvenait à produire le loyalisme de fraîche date des Strasbourgeois. Décidément l'enthousiasme ne débordait pas !

IX.

Nous voici arrivés au dernier acte de cette longue histoire.

Le 16 février 1679, la paix de Nimègue fut publiée en Alsace. Les hostilités cessèrent. Strasbourg se retrouva seul en présence de Louis XIV, plus puissant que jamais, et avec la conscience que cette fois il ne pardonnerait pas, il ne pouvait pas pardonner.

Pour qui savait comprendre, le texte seul du traité de Nimègue parlait haut déjà dans son silence. La France s'y était fait reconnaître la pleine souveraineté sur l'Alsace entière, et cette fois, comme en 1648 au traité de Munster, il n'y avait plus d'exception pour Strasbourg. Louis XIV allait donc aussi réclamer la souveraineté de Strasbourg. Cela était si clair que, dès 1679, un envoyé de la ville le prédisait en propres termes à la cour de Vienne. (Schraag, *Libertas,* page 85.)

Comment la petite République ruinée, écrasée déjà au début de la guerre, plus ruinée, plus écrasée encore à la fin, seule, abandonnée de tous, aurait-elle pu résister au grand Roi à l'apogée de sa gloire? Le traité de Nimègue lui interdisait d'avoir une garnison impériale et elle fut trop heureuse de se débarrasser de ses *impériaux* qui commençaient un peu trop à agir en maîtres chez elle. Elle essaya bien, pour se constituer un *proprium militare*, d'obtenir de l'Empereur ou de la Diète des secours en hommes ou en argent. L'Empereur et l'Empire refusèrent. Que leur importait Strasbourg maintenant ? Ils donnèrent cependant un conseil, cela ne coûtait rien : ils « recommandèrent la patience ».

Il n'y avait donc plus d'illusion à se faire : la solution inévitable approchait. Les finances de la ville étaient épuisées au point qu'on ne pouvait plus, ni par un impôt, — les contribuables étaient à bout, — ni par un emprunt, — on ne parvenait plus à payer les intérêts de la dette, — se procurer les moyens nécessaires à l'entretien de troupes régulières, nécessairement racolées à prix d'argent, comme toutes les troupes de ce temps. Il fallut réduire une première fois, le 2 septembre 1679, la garnison à six compagnies, 870 hommes en tout, y compris l'artillerie. C'était encore une charge trop lourde. Le 24 juillet 1680, le Conseil des XIII décida qu'il fallait réduire de nouveau et porta le chiffre à 500 hommes. Reisseissen, dont l'intégrité et le patriotisme strasbourgeois ne peuvent certes pas être suspectés, insista avec énergie pour l'adoption de cette mesure, déclarant que si on ne la votait pas, *c'était la banqueroute.* Tirer des éléments de défense des bailliages était également impossible ; les bailliages étaient occupés par les Français, qui d'ailleurs entouraient la ville de toutes parts. La bourgeoisie réduite à ses seules forces était trop peu nombreuse pour défendre sérieusement les remparts. La raison suprême qui gouverne les choses de ce monde, l'*ineluctabile fatum* et non la trahison ou les intrigues du résident français, voilà quel fut le fauteur des événements. Remercions M. R. Reuss, qui a analysé avec tant de soin et de patience les protocoles de la Chambre des XIII, d'avoir puissamment contribué à rétablir la vérité sur ce point, comme sur tant d'autres.

En 1681, au mois de septembre, le moment choisi par Louvois était arrivé. Était-ce la mission du baron de Merci, envoyé de l'Empereur à Strasbourg, était-ce un autre motif qui l'avait décidé ? Il n'importe ; il pouvait en user à sa guise, il était absolument le maître. La garnison de Strasbourg était, au su de tout le monde, de cinq cents hommes ; il lui fit l'honneur de lui opposer une armée entière : les gardes françaises et suisses, les gardes du corps, la maison du Roi et en outre trente-huit bataillons, quatre-vingt-deux escadrons de cavalerie, quatre-vingts bouches à feu. Il eut soin de rassembler tout cela autour de la ville en secret, avec des raffinements infinis de combinaisons tortueuses, tant l'ennemi qu'on voulait surprendre était formidable ! L'entreprise qu'il allait tenter était nécessaire ; conduite autrement, elle eût pu paraître légitime. Il sut lui donner les allures d'une misérable conspiration, d'un guet-à-pens du fort contre le faible.

Ici le beau rôle est pour Strasbourg. Dans les temps troubles et difficiles, la vieille cité avait trop souvent et gravement failli. Maintenant la situation était plus claire, il s'agissait uniquement de faire son devoir et elle le fit dignement, simplement, sans phrases. Il y a de la grandeur dans le malheur noblement supporté ; Strasbourg montra cette grandeur. A cette heure suprême où elle allait disparaître, la République retrouva, pour un instant, ses fortes qualités des anciens jours : la fermeté, la prudence, la modération, la gravité calme et même la clairvoyance politique.

Cependant il s'est trouvé un historien, et non pas le premier venu, pour jeter à la communauté agonisante l'insulte et le mépris. On ne peut que déplorer les pages injustes et cruelles qui déparent la belle, la classique *Histoire de Louvois*, de M. Camille Rousset. Il a ramassé jusqu'aux ineptes accusations de trahison dont nous avons fait justice au début de cette étude. Pour lui, la reddition de Strasbourg ne fut pas une « négociation », mais un « négoce » et cela « est absolument hors de doute ». Et quels ont été les agents de cette trahison ? Güntzer, un agent salarié du Conseil, et Obrecht, un professeur de l'Université qui, pour mieux cacher son jeu sans doute, faisait imprimer, justement alors, un livre contre les prétentions du roi de France sur Strasbourg et sur l'Alsace. Ce sont ces deux hommes qui auraient eu assez d'influence sur les Conseils, dont ils n'étaient pas, pour leur dicter des résolutions, et assez d'habileté pour les gagner et avec eux toute la bourgeoisie ! De pareilles allégations ne se discutent pas. M. Rousset ne connaît pas, et pour cause, nos documents alsaciens, mais il aurait pu lire les rapports des résidents, ils sont écrits en français. Il y aurait vu la preuve qu'on n'achetait pas, à Strasbourg, les membres du gouvernement, pas même ceux de la plus infime bourgeoisie. Laloubère, qui s'était figuré, comme lui, le contraire et qui aurait bien voulu y réussir, finissait par écrire piteusement : « Il n'y a pas un seul homme de gagné, ni dans l'armée ennemie, ni dans la ville. Je vois que cela est difficile à faire et qu'il en coûterait cher. » Cependant ses efforts réitérés eurent un résultat : il parvint presque à séduire un domestique suédois de Dietrich. Le même Laloubère écrivait dans la même dépêche : « Les gros bourgeois sont français » (par conviction apparemment puisqu'on ne pouvait pas les acheter), « mais les autres gardent les choses de la ville » (c'est-à-dire sont strasbourgeois). Quant à Frischmann, le dernier résident, le successeur de Laloubère, le pauvre homme était bien trop ridicule, trop déconsidéré personnellement pour avoir aucune influence. Voilà des choses que M. Rousset aurait pu savoir et elles sont *absolument hors de doute*.

Mais ce n'est pas de cela qu'il s'agit. Revenons à Louvois, au ministre tout-puissant qui organisait traîtreusement une embuscade savante contre une ville sans défense. S'il avait fait preuve, dans la préparation, d'un luxe d'inventions ténébreuses digne du plus compliqué des mélodrames et qui d'ailleurs n'avait trompé personne, il montra, il faut bien l'avouer, peu d'imagination dans l'exécution. C'était renouvelé de Créqui, mais avec des allures obliques, que le grand soldat eût dédaignées. Dans la nuit du 27 au 28 septembre, trois régiments de dragons, qui s'étaient tenus jusqu'alors couchés dans les broussailles, se jettent, sans déclaration de guerre, sans démonstration préalable, sur la redoute du péage qui formait la seule défense extérieure de Strasbourg (la malheureuse République n'avait pas pu, sous les menaces de Louvois, relever le fort de Kehl) et mettent brillamment en fuite les douze hommes qui en formaient la garnison. Le tocsin sonne en ville. La population ne tarde pas à comprendre que l'heure attendue depuis deux ans était venue.

Nulle précipitation, nulle confusion. Pas de ces « miliciens ahuris » courant çà et là, que l'imagination prévenue de M. Rousset lui fait voir. « J'ay déjà veu plusieurs allarmes en cette ville, mais je n'y ay jamais remarqué une si grande tranquilité », écrivait Frischmann à Louvois. Personne ne perd la tête ; le Magistrat se rend à son poste ou à la *Pfalz*, le bourgeois à sa place sur le rempart. Dans les pourparlers qui s'engagent, on procède suivant les lois de la plus stricte étiquette. Celui qui vient de surprendre le fort est un colonel ; on lui envoie, pour savoir ce qu'il veut, un simple tambour. Il balbutie quelque chose « d'une armée impériale qui s'approche », excuse ridicule, et renvoie à son chef, Montclar. Montclar est général ; on lui députe le secrétaire du Conseil, Güntzer. Il demande la soumission de la ville à l'autorité du Roi, le Roi étant seigneur souverain de l'Alsace « dont Strasbourg est un membre ». Puis il renvoie à Louvois qui va arriver. Pour Louvois seulement, une délégation du Magistrat se déplace. Alors, quand on a su de la bouche du ministre ce qu'il veut, le Sénat se rassemble, on délibère comme à l'ordinaire ; avant de conclure, on fait rédiger par un des conseils de la ville, le Dr Frantz, un mémoire qui nous a été conservé, où les raisons pour et contre sont froidement débattues. Délibérations « sans éclat », dit M. Rousset — il aurait voulu des périodes académiques sans doute — délibérations admirables pour nous, par leur calme, par leur prudence, car il en est sorti cette capitulation, arrachée à Louvois, qui valait mieux qu'une victoire. Strasbourg imposait au ministre impitoyable qui allait faire révoquer l'édit de Nantes et qui tenait la ville sous sa main de fer, le libre exercice de sa religion. N'était-ce rien cela ? Il gardait sa constitution, le pouvoir législatif et judiciaire, l'exemption absolue de tout impôt et la liberté de ses finances, enfin une pleine autonomie administrative. Les délibérations d'où sortaient un pareil résultat étaient sans éclat peut-être, mais elles n'étaient pas à coup sûr sans fruits.

M. Rousset croit railler quand il nous parle de « sénateurs de Rome attendant sur leurs chaises curules l'entrée des Gaulois », mais il y a un moment où l'émotion le gagne lui-même, c'est quand il voit le Magistrat, scrupuleux observateur de la légalité jusqu'au bout, réclamer un délai de Louvois pour consulter le peuple. « Notre état démocratique ne permet pas, disait-il, de conclure les choses de conséquence sans participation de toute la bourgeoisie. » « On ne peut s'empêcher, dit M. Rousset, de remarquer ce dernier hommage des chefs du peuple à leurs obligations publiques, et ce spectacle d'un peuple appelé à rendre lui-même les derniers devoirs à sa propre souveraineté. Cet acte suprême eut en effet la gravité d'une cérémonie funèbre. » On sait que le résultat du vote fut unanimement favorable à la réunion à la France. Il n'y eut qu'une seule exception, celle d'un petit tailleur de 70 ans qui fut d'avis de se défendre jusqu'à la mort.

Ce sera l'éternel honneur du Magistrat de Strasbourg d'avoir su obtenir de Louvois, de Louvois le plus despotique ministre du plus despotique des souverains, le respect du droit des peuples à disposer de leurs destinées, à statuer librement sur leur sort par le vote de tous.

Ce droit est une partie intégrante de notre patrimoine alsacien, c'est un legs de nos ancêtres. Mulhouse, comme Strasbourg, ne s'est réuni à la France que sur le vœu unanime de ses habitants. Les députés alsaciens qui en ont réclamé l'exercice à Berlin, au milieu des huées du Reichstag et des insultes de la presse allemande, n'ont fait, qu'on le sache bien, que reprendre une des vieilles traditions de notre histoire.

C'est fini maintenant. La convention est signée ; les troupes françaises entrent dans Strasbourg devenu lui-même français. Demandons le mot de la fin au bon Reisseissen, notre fidèle compagnon et témoin dans le cours de ce long récit. Il nous donnera encore une fois la note vraie de l'opinion strasbourgeoise ce jour-là : « Tout reste dans l'ancien état ; en échange de l'indépendance nous allons voir, je l'espère, refleurir le commerce absolument ruiné. *Es verbleibet alles im alten Stand, und verhoffe ich wir werden ahne statt der libertät, widerumb den flor der commercien, welche gäntzlichen erliegen, bekommen.* » Le vœu prophétique du vieil ammeistre s'est réalisé et bien au delà.

C'est ainsi que s'accomplissait, il y a deux siècles, l'entrée de Strasbourg dans la grande famille française. Elle avait lieu, non comme une catastrophe imprévue, un de ces coups de force qu'un peuple subit tant qu'il n'est pas assez fort pour réagir, mais comme un fait nécessaire, inévitable, reconnu comme tel et consenti. Les événements l'avaient préparée, elle arrivait à son heure, le vote populaire l'avait ratifiée, voilà pourquoi elle fut irrévocable et définitive.

En même temps qu'il entrait dans l'unité française, Strasbourg rentrait dans l'Alsace dont il avait été trop longtemps séparé, et l'Alsace, création de la France, était définitivement constituée et retrouvait sa capitale.

LA CAPITULATION DE STRASBOURG EN 1681[1]

Nous François-Michel Le Tellier, marquis de Louvois, secrétaire d'État et des commandements de Sa Majesté, et Joseph de Ponts, baron de Montclar, lieutenant général des armées du roi, commandant pour Sa Majesté en Alsace, avons, en vertu des pouvoirs à nous accordés par Sa Majesté, pour recevoir la ville de Strasbourg à son obéissance, mis les apostilles ci-dessous, dont nous promettons fournir la ratification de Sa Majesté et la remettre au Magistrat de Strasbourg entre six et dix jours :

Article Ier. — La ville de Strasbourg, à l'exemple de M. l'évêque de Strasbourg, le comte de Hanau, seigneur de Fleckenstein, et de la noblesse de la Basse-Alsace, reconnaît Sa Majesté très-chrétienne pour son souverain seigneur et protecteur.

Le roi reçoit la ville et toutes ses dépendances en sa royale protection.

Art. II. — Sa Majesté confirme tous les anciens priviléges, droits, statuts et coutumes de la ville de Strasbourg, tant ecclésiastiques que politiques, conformément au traité de paix de Westphalie, confirmé par celui de Nimègue.

Accordé.

Art. III. — Sa Majesté laissera le libre exercice de la religion, comme il l'a été depuis l'année 1624 jusqu'à présent, avec toutes les églises et écoles, et ne permettra à qui que ce soit d'y faire des prétentions, ni aux biens ecclésiastiques, fondations et couvents, à savoir l'abbaye de Saint-Étienne, le chapitre de Saint-Thomas, Saint-Marc, Saint-Guillaume, la Toussaint et tous les autres compris et non compris, mais les conserver à perpétuité à la ville et à ses habitants.

Accordé pour jouir de tout ce qui regarde les biens ecclésiastiques, suivant qu'il est prescrit par le traité de Munster, à la réserve du corps de l'église de Notre-Dame, appelée autrement le Dôme, qui sera rendu aux catholiques ; Sa Majesté trouvant néanmoins bon qu'ils puissent se servir des cloches de ladite église pour tous les usages ci-devant pratiqués, hors pour sonner les prières.

---

1. Nous croyons devoir transcrire le texte de l'honorable capitulation qui fut signée à Illkirch, le 30 septembre 1681, et qui a amené la réunion de Strasbourg à la France.

Art. IV. — Sa Majesté veut laisser le Magistrat dans le présent état avec tous ses droits et libre élection de leurs colléges, nommément celui des Treize, Quinze, Vingt-et-Un, grand et petit Sénat, des échevins, des officiers de la ville et chancellerie, des couvents ecclésiastiques, l'Université avec leurs docteurs, professeurs et étudiants, en quelque qualité qu'ils soient, les colléges, les tribus et les maîtrises, tous comme ils se trouvent à présent, avec la juridiction civile et criminelle.

Accordé à la réserve que, pour les causes qui excéderont mille livres de France en capital, on en pourra appeler au conseil de Brisach, sans néanmoins que l'appel suspende l'exécution du jugement qui aura été rendu par le Magistrat, s'il n'est pas question de plus de deux mille livres de France.

Art. V. — Sa Majesté accorde aussi à la ville que tous les revenus, droits, péages, pontenage et commerce, avec la douane, soient conservés en toute liberté et jouissance, comme elle les a eus jusqu'à présent, avec la libre disposition du Pfenningthurm et de la Monnaie, des magasins de canons, munitions, armes, tant de ceux qui se trouvent dans l'arsenal qu'aux remparts et maisons de la bourgeoisie, des magasins de blés, bois, charbons, suif, et tous les autres, les cloches, comme aussi les archives, documents et papiers, de quelque nature qu'ils soient.

Accordé à la réserve des canons, munitions de guerre et armes des magasins publics, qui seront au pouvoir des officiers de Sa Majesté, et, à l'égard des armes appartenant aux particuliers, elles seront remises dans l'Hôtel-de-Ville, en une salle dont le Magistrat aura la clef.

Art. VI. — Toute la bourgeoisie demeure exempte de toutes les contributions et autres paiements. Sa Majesté laissant à la ville tous les impôts ordinaires et extraordinaires pour sa conservation.

Accordé.

Art. VII. — Sa Majesté laissera à la ville et aux citoyens de Strasbourg la libre jouissance du pont du Rhin, de toutes leurs villes, bourgs, villages, maisons champêtres et terres qui leur appartiennent, et fera la grâce à la ville de lui accorder des lettres de répit contre ses créanciers, tant dans l'empire que dehors.

Accordé.

Art. VIII. — Sa Majesté accorde aussi amnistie de tout le passé, tant au public qu'à tous les particuliers, sans aucune exception, et y fera comprendre le prince palatin de Veldence, le comte de

Maison d'Illkirch où a été signée, le 30 septembre 1681, la capitulation de Strasbourg.

Nassau, le résident de Sa Majesté Impériale, tous les hôtels, le Bruderhof avec ses officiers, maisons et appartenances.

Accordé.

Art. XI. — Il sera permis à la ville de faire bâtir des casernes pour y loger les troupes qui y seront en garnison.

Accordé.

Art. X. — Les troupes du roi entreront aujourd'hui 30 septembre 1681, en ville, à quatre heures après midi.

Accordé.

Fait à Illkirch, ce 30 septembre 1681.

Signé : De Louvois ; Joseph de Ponts, baron de Montclar ; Jean-Georges de Zedlitz, écuyer et préteur ; Dominique Dietrich (*Ammeistre et XIII*) ; Johann-Léonard Frœreisen (*Ammeistre et XIII*) ; Johann-Philippe Schmidt (*XV*) ; Daniel Richshoffer (*XV*); Jonas Stœrr (*conseiller au grand Sénat*) ; J. Joachim Frantz (*conseiller et avocat général*) ; Christophe Güntzer (*syndic de la ville*).

Sa Majesté, après avoir vu et examiné tous les susdits articles et leurs apostilles, a approuvé, ratifié et confirmé, approuve, ratifie et confirme tout ce qui a été répondu et promis en son nom par lesdits sieurs marquis de Louvois et baron de Montclar, suivant la teneur desdites apostilles ; promettant, en foi et parole du roi, de les entretenir, garder et observer inviolablement de point en point et d'empêcher qu'il n'y soit contrevenu directement ou indirectement.

En foi de quoi Sa Majesté a signé les présentes de sa main et à icelles a fait apposer son scel secret. Fait à Vitry, le 3ᵉ jour d'octobre 1681.

Signé : Louis.

Colbert.

—•◦×◦•—

2g